转化为王——电商达人运营之道

李改霞　等著

机 械 工 业 出 版 社

现在绝大多数的电商，尤其是小型电商，往往把大部分精力放在获取流量上。其实，获取流量仅仅是做电商的第一步，能让流量实现最大价值才是做好电商的关键，如何让流量实现最大价值呢？这就需要提高买家转化率和客单价。然而很多电商不知道如何提高转化率，本书正是针对这类人群的痛点需求，介绍了提高转化率的各种方法和技巧，如：关键词转化、标题转化、产品介绍转化、产品展示转化、版式转化、视觉转化、促销转化、关联转化、议价转化、评论转化、投诉转化、回访转化等。本书从营销转化率出发，让电商人员通过优化关键词、外链、标题等吸引买家进入店铺，然后再通过促销、议价等技巧促成成交。

图书在版编目（CIP）数据

转化为王：电商达人运营之道/李改霞等著．—北京：机械工业出版社，2018.8

ISBN 978-7-111-60360-3

Ⅰ．①转…　Ⅱ．①李…　Ⅲ．①电子商务-运营管理　Ⅳ．①F713.365.1

中国版本图书馆 CIP 数据核字（2018）第 146488 号

机械工业出版社（北京市百万庄大街 22 号　邮政编码 100037）

策划编辑：丁　诚　　责任编辑：丁　诚　王　慧

责任校对：张艳霞　　责任印制：常天培

北京圣夫亚美印刷有限公司印刷

2018 年 8 月第 1 版 · 第 1 次印刷

169mm×239mm · 14.75 印张 · 236 千字

0001-3500 册

标准书号：ISBN 978-7-111-60360-3

定价：59.00 元

凡购本书，如有缺页、倒页、脱页，由本社发行部调换

电话服务　　网络服务

服务咨询热线：(010)88361066　　机 工 官 网：www.cmpbook.com

读者购书热线：(010)68326294　　机 工 官 博：weibo.com/cmp1952

(010)88379203　　教育服务网：www.cmpedu.com

封面无防伪标均为盗版　　金 书 网：www.golden-book.com

前言

随着经济发展、技术进步以及网络日益迅捷，我们现在已经进入“电商时代”。

“电商时代”是一个物质生活丰富的时代，也是一个信息大爆炸的时代，更是一个处处存在商机的时代。在这样的时代里，很多人都想通过在网上销售商品，赚得丰厚的利润。但是，如今网上的商业竞争也是异常激烈的，网上商品的成交转化效果也并非均令人满意。

你是不是总在苦恼？为什么同样做电商，卖相同的产品，有的人能日进斗金，而你却经营惨淡，甚至颗粒无收！人人都在讲，电商能赚钱。但是，有着创业梦的你却赔了夫人又折兵。这究竟是什么原因呢？

是智商不够，情商缺乏，还是没有商业头脑？我想这些都不是主要症结。问题在于，你并没有真正掌握电商的夺单精髓——用良好的转化方法配合优质产品，从而吸引消费者来店消费。

要想取得成功，固然需要努力付出，但是找对方法也很重要。做电商也是如此，掌握了好的方法，才能事半功倍。否则即使再努力，也不会做出成绩。

因此，在这个电商大战的时代，电商人员必须懂得成交转化的技巧，才会有一席立足之地。

本书写作的目的就是为了解决读者在产品成交转化方面的困惑，书中有大量的案例和方法供大家学习，期望大家在阅读本书后能有所收获。

本书具有以下特色：

1. 内容全面、详略得当

一方面，本书内容覆盖面广，一共涉及 12 种商品成交转化的技巧。从商品的关键词抓取、标题的图文设计，到商品的促销经营、售后服务，本书都进行了详细描述。可以说，本书关于转化技巧的介绍涵盖了网上经营的各个环节。

另一方面，本书在撰写时注重详略得当。第 1 章主要是对一些概念的解释说明以及对相关技巧的描述；第 2 章从标题转化的角度对电商经营做了大量的案例分析，以及全面的图文说明；第 3 章与第 4 章，笔者也是通过图文结合的方式对方法技巧进行详细的说明。第 5 章到第 8 章，同样是作为重点进行说明介绍，举了很多相关案例，对相关技巧也进行了说明，与前四章相比，只是略微少了些图文配合。本书的最后四章都是略写，但是对转化技巧方面的描述也独具特色。

2. 实用性强，对电商人员的经营具有独特的借鉴意义

本书运用大量实际案例来讲述电商如何进行成交转化，让电商经营更加高效快捷。同时，还对转化技巧进行了总结归纳，以使电商人员花费最少的精力掌握成交转化的精髓。

3. 易理解，采用大量图表、案例

本书通过大量的事例样本、图表分析，让读者全面地了解电商成交转化的精粹。为了使本书更具实用性、更通俗易懂，书中运用了大量图表对比分析图、逻辑关系图。另外，对于抽象性的专业术语、行业名词，本书也都用具体的图表或例子进行了说明，或者是通过生动的语言进行叙述，尽量做到思路清晰、语言简洁。

本书适用于销售人员、电商文案人员、市场营销人士、市场管理部门人员以及希望成为电商营销者的人士。

由于水平有限，书中难免存在疏漏，敬请广大读者批评指正。

编　者

目录

第 1 章

关键词转化：依据淘宝搜索新规则，抓取关键词

电商时代是一个追求关键词优化的时代。

作为一名电商经营者，你要能很敏感地捕捉到所销售的商品的关键词，而且能够使消费者通过多种关键词锁定你的商品。这样网站的流量便会增加，进而提升产品的转化率，转化率的提升也必然会使产品的销量大幅增加，最终促使你的生意风风火火。

所以，作为一名电商经营者，必须学会关键词转化法。所谓关键词转化法，就是要依据淘宝新规则，巧妙地抓取关键词，促使产品的搜索率、曝光率提升，最终促进产品的大量销售。

关键词转化，有很多的技巧与规则，本章将带大家进入关键词转化的领域，帮大家学会关键词转化的技巧。

1.1 淘宝搜索关键词新规则

淘宝搜索，主要针对旗下的淘宝网进行站内搜索，为用户提供购物搜索结

果。淘宝关键词搜索有两大规律，分别是等效搜索规律和结果排名规律。

1.1.1 等效搜索 VS 结果排名

等效搜索规律有两种表现形式。第一种形式为顺序无关规律，即当在淘宝上输入“男士香水”与输入“香水男士”的搜索效果基本上是一样的。第二种形式为紧密排列规律，就是在进行淘宝搜索时，一些特殊字符将会被忽略，搜索结果基本上也是一样的。

而结果排名规律对宝贝的搜索起着至关重要的作用，电商经营者必须透彻了解这个规律。影响商品综合排名的核心因素有两个，分别是“剩余时间”和“是否橱窗推荐商品”。其中“是否橱窗推荐商品”这个因素把搜索结果划分为两个区段，无论剩余时间是多少，橱窗推荐商品的排名都会比较靠前。另外，在同一区段内，商品的剩余时间越短，排名也会越靠前。这个规律在运用时操作性极强。所以，我们要根据商品的综合特征来利用这个规律，进行商品关键词的优化。

1.1.2 淘宝关键词排名新规则

互联网的发展时时刻刻都在发生。当然，淘宝网的各项规则也在不断变化着。其中，关于淘宝搜索排名规则的变化一直都是淘宝卖家关注的焦点，毕竟买家的搜索结果与卖家的销售情况关系密切。电商人员应了解淘宝关键词排名新规则，尤其应了解关键词的搜索引擎规则，主要规则如下：

第一，关键词中间的空格等同于符号或者等同于关键词之间不加空格。例如，当顾客搜索“手表男款”与“手表（空格）男款”以及“手表·男”这三个词时，搜索结果是一样的。也就是说，在淘宝中进行宝贝搜索时，加不加空格或者符号，对搜索引擎来说都是一样的。

第二，关键词在使用时切忌用特殊符号。例如，标题中有“【手表】”，当搜索引擎进行搜索时，方头括号会阻碍搜索引擎对关于手表的相关信息进行抓取，从而影响到手表的排名。标题中特殊符号越多对搜索结果越不利。

总之，电商人员在设计宝贝标题的时候，要合理使用关键词，少用特殊符号，这样能够让搜索引擎更容易地把宝贝搜索出来。

1.2 关键词禁止用新《广告法》极限用语

2015 年 9 月 1 日起，新《广告法》正式施行，其禁止使用的极限用语及对广告极限用语的处罚做了调整。

1.2.1 极限用语新规定

根据新《广告法》，极限用语不得出现在商品列表页、商品的标题、主图以及商品包装等位置。使用极限词语的违规商家将被处罚，处罚力度由原来的退一赔三，变更为罚款 20 万元起，情节严重者将被直接封店，顾客投诉极限用语并维权成功后，赔偿金额将由商家全部承担。

1.2.2 新《广告法》禁用关键词词汇

接下来，就为大家详细解说一下新《广告法》的禁用关键词。通读新政策后，笔者认为可大致将违规的极限用语分为以下 8 种情况。

（1）关键词词汇与“首”“家”“国”相关。例如，首个、独家、独家配方、全网首发、××网独家、国家级产品、国家领导人、国家（国家免检）、中国驰名（驰名商标）等。

（2）关键词词汇与“最”有关。例如，最佳、最优秀、最高、史上最低价、最流行等。

（3）关键词词汇与“级/极”有关。例如，国际级、全球级、世界级、极品、终极、极致等。

（4）关键词词汇与“一”有关。例如，销量第一、排名第一、唯一、第一品牌、NO. 1、Top1、仅此一次等。

（5）关键词词汇与“品牌”有关。例如，大牌、金牌、名牌、王牌、领袖品牌、掌门人、至尊、巅峰、领袖、王者、冠军产品等。

(6) 关键词词汇与“权威”有关。例如，质量免检、无须国家质量检测、免抽检。

(7) 关键词词汇与“虚假”有关。例如，史无前例、永久、万能、祖传、特效等。

(8) 关键词词汇与“欺诈”有关。例如，免单、点击试穿、点击翻转等。

作为电商，要做到懂法、知法、守法、爱法，以上这 8 类词汇，进行商品的关键词设置、优化时，应尽量避开，否则会吃大亏。

1.3 避免负面或敏感词汇

无论在实体店经营还是在网上进行商品的销售，一定要避免出现负面或敏感的词汇。倘若出现这类词汇，一方面对产品名声不好，不利于宣传；另一方面，敏感词汇的使用也可能导致你的店面因违规被封杀。总之，敏感词汇往往会给商家带来很不好的结果，一定避免使用这类词汇。

1.3.1 敏感词界定

现代社会，信息技术十分发达，消息的传播也越来越迅速。当然，这些消息既包括正面消息也包括负面信息。现在，大多数网站为了自己的名誉，同时也为了方便管理，都进行了关于负面词汇以及敏感词汇的界定。

所谓敏感词，一般是指带有错误政治导向、不健康、含暴力倾向的词或不文明用语。也有一些网站根据自身实际情况，设定一些只适用于本网站的特殊敏感词。

1.3.2 医疗用品敏感词汇总

在淘宝上经营医疗用品的商家一定要注意避免出现以下敏感词汇。

（1）对于保健品，不能出现的敏感词汇，如“滋阴补阳”。

（2）对于减肥类产品，不能为了突出效果，强调能够完全排出体内油脂。

（3）对于一些药物性的护肤品，不能出现的敏感词汇，如“防敏”“脱敏”“褪敏”“降低肌肤敏感度”等。

（4）对于一些肠胃保健品，不能出现的敏感词汇，如“利尿”“调节内分泌”“延缓更年期”“补肾”等。

（5）对于一些清除异味的产品，不能出现的敏感词汇，如“治疗体臭”“治疗阴臭”等。

（6）对于一些改善内分泌的产品，不能出现的敏感词汇，如“平衡荷尔蒙”“防止卵巢及子宫的功能紊乱”等。

（7）针对药物的特性，不能夸大效果，不能出现的敏感词汇，如“防癌”“抗癌”等。

以上敏感词汇，一方面会让人看着不舒服，另一方面也有夸大的嫌疑，不利于产品的销售，最好不用。

1.4 堆砌关键词影响排名

众所周知，标题是SEO（搜索引擎优化）中比较重要的一个部分，所以，很多人将大量的关键词堆砌在标题中。首先，为大家普及一下关于关键词堆砌的相关知识。

1.4.1 关键词堆砌两大形式

关键词堆砌是SEO的一种方法。常见的关键词堆砌有两种形式。

第一种就是通过在网页中大量重复关键词，提高关键词的密度，以期达到提高关键词排名的效果。第二种形式就是频繁地将关键词填入页面的标题标签中。

对于这两种形式，搜索引擎一般会降低这类网页的搜索排名，或者完全忽略这些关键字。所以，建议标题中相同关键词出现的次数最多不要超过 3 次。

在电商经营中，关键词堆砌也存在着同样的危害。例如，在淘宝经营中，关键词堆砌很容易被列为优化过度或作弊。另外，过度堆砌关键词，用户的体验也不好。同时，过度堆砌关键词还会分散标题核心关键词的权重，得不偿失。

在淘宝经营中，关键词堆砌是指在商品发布的宝贝属性填写过程中，存在所填写的商品的材质、规格、品牌、星级乱用的现象。比如，常常乱用与本商品无关的品牌，或者是存在过度承诺商品效果的现象。

1.4.2 淘宝官网对堆砌关键词处理措施

天猫会员如果存在“关键词堆砌”商品，且未在整改期内修改，淘宝会对相关商品做删除处理，并每件扣 1 分，3 天内累计扣分不超过 7 分。淘宝网会员如果存在“关键词堆砌”商品，且未在整改期内修改，淘宝会对相关商品做删除处理，并每件扣 0.2 分，3 天内累计扣分不超过 7 分。

可见，淘宝对关键词堆砌的惩罚措施还是很严格的。

1.4.3 避免堆砌关键词的小技巧

如何避免堆砌关键词呢？下面给大家分享一些避免堆砌关键词的小技巧。

第一，关键词堆砌并没有严格、明确的标准。你应保证同样的词汇最多出现 3 次。

第二，关键词密度虽然没有什么标准，但也有原则。关键词的密度不宜过大，应该遵循自然的原则。如果在自然描述情况下关键词也存在密度大的问题，此时就应该继续优化描述语言，我们的目的就是要精简准确地描述商品。但在标题的描述中刻意地堆砌关键词，一定会面临惩罚。所以要懂得对关键词进行语义分析，用一些其他词来代替重复使用的词语，这样也会显得新颖。

第三，既然关键词堆砌存在诸多弊端，那么就应选择简洁的标题。其实简洁明了的标题往往能够获得更好的排名和良好的用户点击率。

1.5 拓展关键词列表：使用自动化工具找到更多的关键词

对于普通淘宝电商来讲，考虑最多的无外乎如何尽可能地降低成本，如何能够最大限度地提高店铺的流量和成交量。解决了这些问题，电商们挣钱也就很简单了。

1.5.1 拓展关键词列表意义

其实，降低电商成本、提高店铺的流量和成交量等问题的关键，是要自己的产品关键词符合买家搜索的喜好以及遵循淘宝排名权重规则。同时，要根据淘宝搜索结构制作出合适的备用关键词词表，以此来做关键词拓展，选出最优的宝贝关键词。

拓展关键词列表的最大优点是能够最大限度地避免标题的盲目命名以及选出最适宜的宝贝关键词。最终，我们能够通过这种方式达到节省资源以及最佳引流的效果。

1.5.2 拓展关键词列表方法

拓展关键词对于商品的搜索推广意义重大，下面列举 3 种方法：

第一，学会关键词分类，在此基础上进行关键词的拓展。例如，你可以针对产品的品牌词、人群词或者通用词这 3 类关键词进行关键词的分类。在此基础上，你可以进一步结合商品的简称、别称、俗语或者功能属性等进行关键词的拓展。

第二，学会利用联想法进行产品关键词的拓展。所谓联想法就是要根据搜索引擎下拉框选择联想词，进行大量拓展。一般这类词都有一定的热度，值得我们重点关注。

第三，关键词的拓展有时必须借助 SEO 辅助工具来进行。现在市场上有很多性能不错的卖家关键词拓展工具。例如，词鼠、淘词等。词鼠是针对淘宝搜索结构的关键词挖取工具，词源来源于淘宝搜索，更注重关键词宝贝类目属性。你可以根据自己的喜好以及熟练程度来选择适合你的辅助工具。

综上，店铺的流量也好，宝贝排名也好，重要的是让别人找到我们，看到我们的宝贝。希望以上方法能够对你产品的关键词优化有一定的帮助。无论如何，对于淘宝卖家来说，用最少的资源获得最大的价值才是追求的目标。

1.6 精确关键词列表：删除不精准和竞争过于激烈的关键词

精确关键词是依据长尾理论发展起来的一种 SEO 新理论。核心要求是，关键词必须精准有效。基本做法是，删除不准确或竞争过于激烈的关键词。

虽然少数核心关键词可以为网站带来一定的访问量，但一些较长的精准关键词却能为网站带来可观的访问量。同时由于定位准确，这些精准关键词检索所形成的顾客转化率更高。

1.6.1 精确关键词构成方式

下面先为大家讲解一下精确关键词的构成方式。

精确关键词一般由产品关键词、地区关键词以及网民搜索习惯用语相互组合构成。精确关键词与较短的产品关键词相比，虽然单个词获取的流量较小，但访问转化率普遍较高。一般来讲，通过精确关键词搜索的客户一般都是潜在购买者，其购买意向更加明显。

确定关键词时，选词的多少决定了目标买家的覆盖度，选词的精准程度决定了潜在客户的转化率。通过长期、大量调查显示，淘宝电商通过精确关键词列表，往往能获得大量高价值访问流量，取得事半功倍的营销效果。

1.6.2 关键词精准定位方法

既然精确关键词有如此好的转化效果，那么应该如何进行关键词的精准定位呢？

首先，若要精确关键词，必须要把握潜在客户的行为模式和心理习性。我们要更好地捕捉揣摩潜在客户的心理，从而更经济、更有效地为潜在客户提供精准关键词。

其次，要学会利用相关词进行查询，从而获得更多的词汇。在此基础上，基于你的产品，选择更精准的词汇进行关键词定位。所谓利用相关词查询，就是在搜索框中以标题的形式进行搜索。要求是，标题中需包含更多与产品相关的名称词、通用词、属性词。这样一方面可以延伸出更多的关键词，另一方面可以选出更加合适的精确关键词，做到精准定位，提高转化率。

1.6.3 设置精确关键词技巧

除了要掌握精确关键词构成方式和关键词精准定位方法以外，还需要学习一些设置精确关键词的技巧，其具体技巧内容如下：

技巧 1：关键词优化组合，产生新的精确关键词。以耳机的销售为例，大多数商家会把关键词设为“音质保真”，而一些商家则会在“音质保真”的基础上再添加一条如“入耳式耳机”的关键词设置。这样产品的定位就更加精准，转化率自然就提高了。

技巧 2：将品牌与关键词相结合，能够轻而易举地设置成为一个精确关键词。例如，一些卖剃须刀的商家，将关键词设置为“锋利”“实惠”，远不如“飞科”“电动剃须刀”来得精准。

技巧 3：精确关键词还可以把地区、厂家、关键词巧妙地融合在一起。有些消费者购物有着地缘情结，他们就喜欢买当地的货物或一些名胜产地的产品。当你在设置精确关键词时，把这些因素融合在一起，必然能引起这些消费者的注意，从而提高转化率。

1.7　选择目标关键词：行业关键字+产品关键字

所谓目标关键词，是指经过关键词分析确定下来的网站“主打”关键词。说得通俗些，就是网站产品和服务的目标人群可能用来搜索的关键词。

1.7.1　目标关键词概述

一般来讲，目标关键词一般会放在网站首页的标题上，而且目标关键词给网站带来的流量一般都很大。你可以理解为，具有相关关键词的产品，其目标用户是一样的。另外，目标关键词一般选择 1~3 个。与此同时，如果目标关键词有多个，那么这些词与词之间一定要是相关的，一定要是互补的。

目标关键词的选择是一个值得思考的问题。如果目标关键词选不对，那么所有的努力都将化为乌有。同样地，如果能够成功地选择一个目标关键词，那么对转化率的提高，将会起到事半功倍的作用。目前，常用的目标关键词选择工具有 3 种，分别是谷歌关键词工具、百度指数以及百度推广后台关键词工具。

1.7.2　目标关键词三项基本原则

目标关键词选择要遵循三个基本原则，其内容如下：

（1）确保目标关键词竞争不会过于激烈。

（2）确保目标关键词有一定的搜索量。

（3）确保目标关键词能为网站带来定向流量。

除此之外，目标关键词还有一个定位原则：不能排到前三，则不做；用户目标性不强则避开；同时必须避开行业领导网站的目标关键词。只有做到这些，目标关键词才算选得精准有效，转化效果才会提升。

1.7.3 目标关键词选取依据

目标关键词的选取依据主要包括以下 4 点：

(1) 选取的词汇必须与产品内容相关。具体要求是目标关键词与本站内容具有较大的相关性，只有这样转化率才会较高。

(2) 主关键词不可太狭隘。如果关键词的设置过于狭隘，那么搜索次数必然少，甚至会陷入无人搜索的尴尬境地。

(3) 选取的主关键词商业价值必须高。只有商业价值高的产品，市场号召力才会强。有了强的市场号召力，产品才会有好的市场效益。

(4) 选取的主关键词不可太宽泛。一方面，宽泛的关键词竞争一般较大，代价较高；另一方面，宽泛的关键词转化率一般较低。

1.8 使用百度指数：根据需求图谱，观察搜索需求变化趋势

百度指数是以百度网民行为数据为基础的数据分享平台，是当前互联网乃至整个数据时代最重要的统计分析平台之一。自发布之日起，它便成为众多淘宝电商营销决策的重要依据。

大数据驱动每个人的发展，而百度倡导数据决策的生活方式，正是为了让更多人意识到数据的价值。百度指数的理想是“让每个人都成为数据科学家”。百度指数可以帮助个人实现“智赢人生”；对于电商人员而言，百度指数的受众分析、传播效果，均能够科学地全景呈现，最终做到“智胜市场”。总之，百度指数使一切数据的搜集变得轻松简单。

1.8.1 百度指数让数据更科学

正如百度的宣传，“世界很复杂，百度更懂你”。百度指数也不例外，而且百

度指数告诉你的将会是更加智能、更加个性、更加全面、更加科学的数据信息。

百度指数仿佛是我们生活和工作中的一位智者，它能够让我们用更加全面的眼光来看问题，使我们能够立足大局，培养战略眼光。作为电商人员，为了关键词的优化，为了产品的热卖，我们也必须学会而且能够很高效地利用百度指数。

通常情况下，百度指数能够告诉我们如下信息：你所设置的关键词在百度中的搜索规模有多大，关注这些词的网民是什么样的；产品价格在一段时间内的涨跌态势以及相关的新闻舆论变化；产品的销售地区分布在哪里；相关用户同时还搜了哪些相关的词等。

1.8.2 需求图谱挖掘精准需求

一名电商要想利用好百度指数，最需要学会的应该是利用好需求图谱。

需求图谱在很大程度是能够直接表达网民的需求或相关消费者对产品的认可的。因为每一个消费者或用户在百度的检索都是主动意愿的表达和展示。

正因如此，电商人员可以根据百度指数的需求图谱挖掘出消费者的关注焦点、消费欲望，同时根据他们的需求设置出精准的关键词进行引导。

下面我们举例说明。如果你搜索的是一款商品，“需求图谱”工具能显示该产品的潜在用户的地区分布、性别分布以及数量分布。另外，你可以了解到用户在使用百度搜索过程中经常把哪些词语与该产品联系起来，从而为我们的产品分析与营销提供更为直观的数据基础。

另外，对于淘宝电商来讲，了解用户的群体喜好是很重要的。因为我们谈生意不仅仅是在推销产品，当我们与客户有了共同的爱好与话题时，我们谈成生意的概率也就更大了。

百度指数也在与时俱进，如今还增加了移动端的关键词分析，如手机、Pad等。所以作为淘宝电商，我们未来肯定需要在手机淘宝市场上下足功夫，这样才能把握机遇，抓住市场，赢得辉煌！

1.9　百度搜索标题：避免雷同标题

作为电商，都想要自家的产品热卖。要想吸引客户眼球，在进行关键词设置时，就要做到与众不同。那又要如何才能与众不同呢？其实很简单，只要自己的产品介绍的标题不与别人雷同即可。避免雷同型标题，就要经常利用百度搜索一些常用的标题，我们在进行关键词设置和标题命名时尽量不用这些常用标题即可。

接下来，从三个方面讲一下如何避免商品介绍的雷同性。

1.9.1　设置精准关键词

产品的关键词设置要精准，同时标题要显得独一无二。这就需要经常利用百度进行相关产品及文案的搜索，了解市面上商家对此产品的介绍，尽量做到唯一性，别让每个页面的标题都是千篇一律的。

1.9.2　网页布局要常利用百度搜索

在进行网页布局时，也要常利用百度搜索。通过百度搜索了解其他商家的设计，从而做到知己知彼，这样才能在设计上避免雷同。你还需要了解到，一个网站基本上是用同一个模板做不同的栏目页面进行商品内容页面设计的。你可以思考其电商的网页优化，并且在网站的产品设计上，要尽量体现图文的差异性。只有这样，网店的转化率才有可能提高。

1.9.3　在产品介绍上加入宣传思路

在产品的内容介绍方面，一定要有自己的宣传思路，最好是能有自己的原创内容介绍。所谓原创，就是说在对产品的内容进行介绍时，最好加入自己的思想。只要你能避免产品内容与其他网站内容雷同，你的搜索效果就会更好。因为搜索引擎更喜欢的是具有新思想、新价值的关键词。

如果你能避免雷同，你的产品就能够凭借独有的地位在市场上立足。那么，你的产品的口碑也会越来越好。最终店铺的转化率必然会大幅提升，产品也会大卖。

1.10 标题/标签长度不要超过30个字

在电商时代，其实更应该讲究“一字千金”。电商时代是一个读图时代，大家的关注重点都在精美、有趣的图片上。但是如果存在一句话，能够对图片进行画龙点睛的说明，那么这一句话中的每个汉字就都达到了“价值千金”的效果。

1.10.1 拟写标题注意事项

作为淘宝产品的标题，长度最好不要超过30个字。因为目前常见的搜索引擎显示的标题最长也就是30个字。如果你的淘宝产品标题超过30个字，那后面的就会截断，用省略号来代替。如果你最关键的词语并不在这30个字以内，那么你的标题对客户就没有任何吸引力可言。

接下来，为大家介绍一些拟写淘宝产品标题时应该谨记的原则：信息高度概括、用语符合常规、用语符合大众搜索习惯。标题的拟定只要符合这三条原则，买家浏览你的商品信息的可能性就会大很多。另外，在这三条原则中，符合常规语言习惯和搜索习惯非常重要。因为即使你的标题写得再好，如果不符合搜索习惯，用户依然找不到你。

1.10.2 拟写标题关键词特性

写淘宝产品标题之前，必须对产品的关键词进行统一整理。同时，在整理关键词时，要考虑到以下三个关键词特性。

特性1：关键词必须与产品特征相关。产品名称很可能就是因为换了一个字就变成了另外一个产品。比如“头饰品”与“装饰品”就不是同一类型的产品。虽然两者有融合之处，但是如果你经营的是头饰品，关键词却写成装饰品，那么当买家看到你的真实产品后会大失所望，有一种被欺骗的感觉。所以，关键词必须与产品特征相关。

特性2：关键词必须能展现出产品的价值性。如果一个关键词没有任何价值，我们也没有做优化的必要，所以判断一个关键词的价值性很重要。对于关键词的价值，我们可以通过百度指数、用户搜索习惯等方式进行判断，并且合理选择，最终使自己的关键词转化能够起到绝佳的效果。

特性3：关键词的选取必须尊重用户的体验。如果你设定的关键词符合用户的搜索习惯以及要求，他们在搜索的时候就会用你设定的这几个关键词进行搜索。这样你的商品被搜索到的概率就会大大提升。

最后，淘宝产品标题最好是7个字以上，不要超过30个字。同时，搜索引擎更容易抓取标题中靠前的内容，所以要尽量把最重要的关键字放在前面，这样被搜索到的概率会更大。

1.11 特殊符号：标题中不使用“※”等特殊符号

我们在浏览商品信息时，会常常发现淘宝产品标题中存在各种特殊符号。有的是为了串联关键词，如“※”；有的是为了突出关键词，如方头括号“【】”；有的是为了增强店铺名字的重要性，如标注“▲”；有的则没有任何意义，只是追求一种形式。

其实这些特殊符号，未必能达到商家预期的效果，有时反而往往会适得其反。

1.11.1 淘宝特殊符号新规则

以前，我们在淘宝宝贝标题中还经常会看到“宝贝的名字+某种赠品”，或者某种功能。当时很多淘宝卖家喜欢在宝贝的标题中写上店铺的名字，然后使用“《》”标注店铺的名字。还有人会使用“【】”，用来突出关键词的重要性。

然而基于现在的淘宝关键词排名规则，这些特殊符号的使用已经不能为商家带来任何好处。淘宝搜索引擎很有可能会将“+”之类的特殊符号判断为标题关键词的一部分。在现有的淘宝宝贝排名规则中，淘宝宝贝标题使用特殊符号是不会附带任何附加分的，反而会成为累赘。

1.11.2 淘宝搜索引擎以买家看法排名

现在的淘宝搜索引擎是按照常规的算法进行计算的，也就是按照大多数买家的看法给出的排名结果，很明显，在淘宝宝贝标题中加入了店铺的名字，并且使用“《》”进行标示，对于大多数买家来说没有任何意义。

所以，淘宝在最新排名规则中忽略掉了“《》”中的关键词，以后再使用类似“《》”来突出表示关键词就行不通了，很有可能会被淘宝搜索引擎直接忽略掉。

综上，淘宝卖家在进行淘宝宝贝标题撰写时，特殊符号能免则免。如果是不连贯的关键词，可以使用空格，但是千万不要使用特殊符号来填入其中。否则，宣传效果会适得其反。

1.12 全角/半角：宝贝命名时，使用半角输入

其实，使用半角输入宝贝名称，只是关键词优化中的一个小环节，隶属于操作层面的技巧。

在对淘宝宝贝命名时，一般都是用半角输入。因为在输入法中，半角状态下，一个汉字代表一个字符；全角状态下，一个汉字却要占两个字符。

由于淘宝宝贝标题的长度限制，以及关键词的权重作用，我们会优先使用半角输入。在半角状态下，我们能够将产品的核心关键词优先地展现在买家面前，而且关键词的展现量也比较多。这样我们就有可能吸引更多的买家进行商品的浏览。流量增多了，电商的转化率也必然会提高。

综上，半角输入淘宝宝贝名称只是个操作层面的问题。但是确实是一个非常实用的技巧。

1.13 空格规律:“内衣 女”优于“内衣女”

所谓空格规律,就是在进行产品的关键词撰写时,关键词之间要空格。

1.13.1 用空格关键词不奢侈

好多商家都觉得,淘宝商品的关键词一字千金,如果用空格代替一个关键字过于奢侈,而且很不理智。其实不然,因为加空格后会有意想不到的空格加权效果。

接下来,就以实际案例向大家说明。

淘宝的搜索引擎认为空格是强制分隔符,淘宝强制把空格前后的词分开。举个例子,“内衣女”写在一起,淘宝就会认为这是一个词。但是若写成“内衣 女”,淘宝搜索引擎就会把它看作两个关键词。这样买家在进行淘宝搜索时,搜索到你店铺的概率就会更大。

另外,淘宝搜索引擎还存在着空格加权原则,就是说淘宝搜索引擎会给空格前面的词加权重。再讲得透彻些,就是加空格的比没有加空格的关键词,在其他条件相同的情况下,权重会更高。所以主推词后一定要加空格。例如,以“太阳镜 时尚”作为关键词,就要优于“时尚太阳镜”。

1.13.2 淘宝宝贝关键词留空格作用

接下来,为大家讲解一下淘宝宝贝关键词之间留空格的作用。

(1)关键词之间加空格,可以清晰地向买家说明每一个关键词,便于在网站的搜索栏里进行准确搜索。

(2)关键词之间加空格,可以更加自然地分出每一个词汇。这样也方便买家更清晰地理解,不至于看到一大排连续的字,而感到不知所措。

(3)关键词之间加空格,在视觉展现上,让人看起来更加正规,没有杂乱的感觉。

那么，最后一个问题来了，标题一般加几个空格好呢？根据优秀淘宝商家的多年经验，关键词之间最好用两个空格。因为两个空格占一个字，这样格式上也显得很规范。

综上，淘宝宝贝标题最多可以显示 30 个字，而且不可能每个字都是关键字。如果都设成关键字，淘宝搜索引擎就会判定你有作弊的嫌疑，这样就得不偿失了。明智的做法是，利用空格等效规律以及空格加权规律，为你的淘宝关键词之间留下一个小小的空格。这样既会使搜索面更宽泛，也会使买家在视觉上更清晰地了解商品，最终促进产品的转化，可谓一举两得。

1.14 节日微调：情人节，鲜花权重上升

所谓节日微调，就是说淘宝宝贝的关键词设置要随着节日的变化而有所变化。合理地使用这一规律，能够使产品更加容易地被买家搜索到，你的产品也将更加容易地被销售。

1.14.1 不要嫌节日微调关键词麻烦

肖捷是一名淘宝电商，他的主营产品种类繁多，而且多变。其主要原因是，他爱跟着节日做生意。比如，元宵节他的主营产品就是汤圆；端午节，他的主营产品就是粽子；情人节他的主营产品就会是鲜花和巧克力。

其实，节日微调关键词很麻烦，因为它必须跟着节日的变化进行主营产品的变化。有时，如果提前没做好准备，反而会损失成本，风险很大，但这也是一件有趣的事情。

肖捷不仅做事勤快，而且反应灵敏，他的生意从来没有亏过本。其实他的秘诀就是，在对淘宝商品关键词进行设置时，关键词紧跟节日的变化，突出产品的新鲜性、及时性以及喜庆性。

例如，他在情人节当天，就加重了自家淘宝店中鲜花的权重。在非节假日的时候，当他还有鲜花库存的时候，他会把关键词设置为“零售鲜花、价格实惠”。但在情人节当天，他就会突出鲜花这个核心产品。他会把关键词设置为“鲜花 情人节必备”，通过空格的方式增加了鲜花的权重，同时利用“情人节”一词，表明自家鲜花的时鲜性以及喜气性。

正是因为这样，他的节假日产品大部分都销量不错。

1.14.2 节日微调法两大注意事项

接下来，为大家讲解一下，节日微调法的两大注意事项。

一方面，使用节日微调法的前提是，你的产品必须是该节假日的热卖产品。不是任何商品都能够使用节日微调法的。例如，你是卖水瓶的，你不能强行地在情人节当天打出类似“情人节到了，送一个水瓶，送一份心意”这样的标语。这样会显得有些强词夺理，反而往往会适得其反。

另一方面，使用节日微调法，必须与关键词的空格规律结合使用，这样才会更加突出关键词的权重，提升关键词的转化效果。

1.15 季节微调：冬天，搜衣服多是冬衣

所谓季节微调，是说淘宝宝贝的关键词设置要随着季节的变化而有所变化。合理地使用这一规律，同样能够使产品更加容易地被买家搜索到，你的产品也将更加容易地被销售。

1.15.1 简单有效的季节微调法

季节微调方法是关键词转化方法中最容易学习的一种。因为只要根据时节特征，针对自己的产品，写出一些吸引人的关键词即可。

小季是一名淘宝电商，她的主营产品是女装。她的产品销售量在同行中可谓是遥遥领先。当一些同行问及她销售秘诀时，她坦然地讲，没有秘诀，只是有一

个很简单的方法，就是根据时节的变化，为自己的女装设置一些新的关键词，从而提高自己的产品被搜索到的概率。

一般在不换季的时候，她的产品的主打关键词都是“女装”。当换季时，它的关键词就会有所变化。例如，在冬季，她的主打关键词就会设置为“女衣 冬季保暖时尚”。通过这样的变化，买家在冬季搜索冬衣的时候，就会轻而易举地搜索到她的店铺了。

1.15.2 季节微调法三大注意事项

接下来，为大家讲解一下季节微调法的三大注意事项。

第一，此类方法适合在换季的时候使用，而且一般效果会很好。季节的变化，会使人们的衣食住行各个方面的消费都有所变化。当有变化时，人们就会有更多的消费需求。所以，换季时，其实也是淘宝各类换季消费品的销售旺季。例如，冬天到了，把衣服的关键词设置为冬衣，被搜索到的概率就会提升。

第二，季节微调法与关键词的空格规律结合使用，才会更加突出你的关键词的权重，提升关键词的转化效果。这里的操作很简单，就是把关键词设置为你的主打产品，再加上季节词即可。

第三，同时核心关键词的设置也要不落窠臼。所谓核心关键词，也就是你的主打产品。对于这类词汇，你一定要用一些潮流用语或者网络用语或者很接地气的语言来修饰。

总之，希望你能尽快将此法运用到你的关键词设置中来，因为它简单又容易操作，是提升转化率的一种快捷途径。

1.16 使用关键词拼音来做网站 URL

URL 的中文名称是统一资源定位器，是指互联网文件在网上的地址。其实这就类似于人们的身份证，身份证上有你的家庭地址、身份证号以及照片信息。无论通过哪一种方式都能够定位到你这个人。网站 URL 的设置同样也能够达到类似的效果。

1.16.1 URL 命名方法

在我国，URL 一般有两种命名形式：一种是拼音命名形式，另一种是中文命名形式。目前，我国 URL 的设置，一般是把数字和字母按一定顺序排列，最终确定为一个网络地址。

从事电商行业的人都知道页面 URL 的处理是优化过程中一个非常重要的组成部分。一些细节的设置必须精准确切。因为这些细节的处理不仅对搜索效率的提升有很大的帮助，同时，对用户体验的提升也有很大影响。

作为淘宝电商，我建议大家使用关键词拼音来做自己的商品网站 URL。因为用拼音做网站 URL 有很多优势，具体如下：

第一，绝大多数中文搜索引擎都支持拼音形式的关键字搜索。也就是说，中文搜索引擎可以识别拼音形式的关键字。

第二，我们利用关键字的拼音形式对 URL 各组成部分进行命名，更加方便快捷。

第三，我们用关键字的拼音来做网站 URL，也显得更加国际化。用中文命名的网站 URL，外国人一般看不懂，而且利用拼音做网站 URL，在国际上辨识度会更高。

1.16.2 URL 命名注意事项

在使用关键字的拼音对 URL 各组成部分进行命名时，我们需要注意以下事项：

（1）我们必须考虑，淘宝搜索引擎是否能够识别我们所选择的关键字的拼音形式。

（2）在淘宝 URL 优化中，我们应该根据网站的实际情况以及自己的产品的具体情况，设置一个便于买家搜索的 URL。

（3）我们要学会避免在 URL 中使用与主题不相关的关键字。

（4）每个字的拼音不需要采用分隔符进行分隔，搜索引擎也能识别。

总之，希望电商在做网站 URL 的时候，尽量使用关键词拼音，这样被搜索到的概率会更大，转化率自然也会更高。

1.17 剩余时间：利用规则，在客户交易的高峰期上架

淘宝的搜索排名规则是很复杂的，包括产品的销量、淘宝商家店铺的等级以及距离下架的时间等。距离下架时间就是我们所说的剩余时间。

1.17.1 剩余时间的权重规则

剩余时间其实是淘宝最早的排名权重，也是很重要的一种关键词排名权重，同时还是淘宝电商公认的最公正的排名权重。

剩余时间的权重规则是，快下架的宝贝会排在最前面。针对这一情况，我们的产品要尽量在客户交易的高峰期上架，以实现最佳转化率。

接下来，为大家讲解一下，淘宝上下架的相关事宜。

淘宝默认的上下架时间是 7 天，也就是说如果你选择在此时上架一件宝贝，那么到下周此时，你的宝贝就会自动下架。但同时，这个商品下架之后淘宝又会马上让它自动上架。

也就是说淘宝宝贝的下架时间就是上架时间，只是淘宝设置了一个 7 天上下架的规则。所以只要你将商品上架之后，这个商品会一直存在。

另外，淘宝设置 7 天上下架的规则是非常有意义的。最重要的意义就是能给淘宝中小卖家优先展示的机会。虽然中小卖家有销量小、等级低的劣势，但是如

果距离下架的时间设置合理，在淘宝搜索中是能够优先展示的。

1.17.2　利用剩余时间促使产品优先转化

接下来，为大家讲解一下，如何合理利用剩余时间，促使产品优先转化。

第一，作为淘宝电商，你要明白，合理调整上下架的时间最重要的目的就是要使自家宝贝的搜索排名靠前，进而促使成交。

第二，虽然淘宝现在所有产品都是自动上下架的，但是周期依然是7天，发布时间也就是下架时间。所以淘宝电商要合理上架自家的宝贝。另外，产品种类多、数量多自然会更好，这样可以广泛分布。

第三，如果产品种类少、数量少，那么就在客户交易的高峰期上架。这样你的商品被搜索到的概率就会大大提升，产品的转化效果自然会更好。

1.18　防降权：如果交易量不被认同，应立即纠正

所谓淘宝降权，就是将相关宝贝的排名、销量信息暂时屏蔽。此时该宝贝也就没有排名信息以及其他相关信息。宝贝降权主要包含搜索降权、活动资格降权，直通车推广屏蔽降权等。其中对卖家影响最大的是搜索降权。总体来讲，淘宝降权对淘宝商家来讲是一件非常痛苦的事情。当偌大的淘宝网没有你的产品信息时，那么你的转化效率就几乎为零。对于被降权的商品，必须先删除再重新上架，否则会影响整个店铺的流量，最长会影响一个月，这样的损失对于大卖家来说是很难接受的。

1.18.1　降权原因及被降权操作

接下来，为大家讲解一下，淘宝商家被降权的原因以及被降权的操作。

淘宝卖家被降权有两种情况：第一种是你做的是真实交易，但被淘宝误判为虚假交易；第二种是你为了提升产品的销量，故意做了虚假交易。

下面就为大家讲解一下会被降权的操作。具体内容如下：

（1）为刷信用导致的降权。某些电商会通过多种方法进行刷单，刷信誉值。他们往往自认为刷得天衣无缝、万无一失，但终究逃不过淘宝的监控系统。如果被抓到，商家的信用会被屏蔽或删除，严重的甚至会被封店。

（2）为增加宝贝数量，鱼目混珠，同样也会被降权。有些商家为了增加自己的商品上架数量，会将同款不同颜色分开上架。这种行为会被定为重复铺货，因而降权，严重的甚至会被屏蔽。

（3）其他诸如重叠关键词、软件自动刷收藏、错放类目、刷销量等不规范操作行为，也会被降权。当然这些操作不是你违背了一次就会被降权。毕竟有很多新手卖家对于很多规则不太懂，需要一段时间进行摸索。针对这种情况，出现以上行为多次，并被扣分严重的商家，商品将会被降权。行为恶劣的，整个店铺将会被降权。

1.18.2 被降权商品处罚措施

淘宝商品被降权，必然会有相应的处罚。但是只是处罚该商品，其他宝贝不受影响。但是，如果虚假交易程度非常恶劣，那么你将面临的是全店降权的处罚结果。

那么，面对降权，我们淘宝电商应该如何应对呢?

第一种情况，如果你做的是真实交易，却被淘宝误判为虚假交易，并给你降权，你可以提出申诉。申诉过程如下：

（1）要求淘宝客服解释降权的原因，当你做出相关解释后，淘宝信服，那么就可以要求淘宝给你开通一个申诉通道。

（2）当淘宝给你一个申诉通道后，会让你提供一些交易案例，而且附带相关证明。你只要按照相关说明操作即可。

（3）等待淘宝官网的进一步审核。

（4）如果是真实交易，却被误判，那么隔天就能恢复排名了。

第二种情况，如果你是为了提升销量而做了虚假交易，那么你只能及时删除该宝贝或下架，或等待降权结束。

这种情况无法通过编辑修复。如果不及时处理的话，有可能会影响到店铺内其他宝贝的搜索排序，情节严重的话有可能被全店降权。如果面临整店屏蔽，那就只有痛苦地等待了，而且还必须痛定思痛，加强对自身的反省，之后再也不做虚假交易的相关事情了。

综上，淘宝被降权是一件不太好的事情。如果面临这种情况，应该立即纠正自己的交易行为，做到将损失降到最低。

第 2 章

标题转化：30 种标题模式，满足买家痛点需求

电商不同于传统的实体店营销。在过去，只要你的产品质量好，而且又有招揽顾客的能力，就能赚钱。可是，在电子商务时代，仅凭这些是远远不够的。电子商务的关键在于产品能够吸引顾客的眼球，而“吸睛”的关键在于产品的图文配合。在电商时代，图容易找，难点在于如何写一个关于产品的优质标题。

但写一个好的标题真的很难吗？我想说，扣标题其实没那么难，尤其是对于商品软文来说。好的电商标题，在于一句话说中消费者的心思。我们应该尝试着用消费者的心态与眼光来表达商品中你最需要别人了解的东西。倘若再加一点点创意，就一定能够写出打动消费者的标题。

下面就给大家介绍 30 种电商产品标题的模式。希望对您的创业或工作有所助益。

2.1 急迫感：今年在家工作赚了 10 万元

每一位优秀的电商人员都知道时间的宝贵。他们深深地领悟到了“时间就是金钱，时间就是生命”的道理。他们都希望自己的商品在第一时间就被消费者注

意到，甚至收藏乃至购买。为了达到这种效果，很多电商人员都会在电商文案的标题上面下功夫，总是会在宣传产品的文字标题上突出商品的时间性和急迫感。

2.1.1 标题突出急迫感原因

在标题中突出急迫感，是为了给消费者一个立即采取行动的理由。你可以在写标题时加入时间元素，以制造迫在眉睫的感觉。比如："今年在家工作赚了 10 万元"比起"在家工作赚了 10 万元"，显得更为急迫。你也可以透过提供"限时优惠"来制造急迫感，比如到某个日期截止的折扣或者赠品方案。

吴凡是笔者的一位大学同窗。他是个做事很有效率的男孩，我们都戏称他为"风一般的男子"。大学毕业后，他就从事电子商务文案的写作。这份工作更加培养了他的时间观念。他深深地懂得电子商务文案一定要在第一时间达到广告及商品宣传的效果，所以他的文字风格特别崇尚时间性，总能让买家产生一种急迫感。

他曾写过这样一则标题，"不必久候，顺丰快递，快速到家"，为那些急需相关物品的人们解了燃眉之急。

他也曾为某服装店写过标题，更是凸显出时间性，如"冬天来了，棉衣还会远吗?""8 折起，为您开启暖冬之旅！仅限 3 天!"此消息一出，棉衣就很快售罄。

他还为一家刚开业的网上书店，写过一则更绝的标题：机不可失，经典藏书半价起（仅限网上预购的前 50 名)，圆您年少时的文学梦。此标题一出，简直是给文学爱好者带来了福音，也为那些想要购书的人降低了成本，于是消费者争相购买，为此家网上书店带来了不错的销量。

2.1.2 标题突出急迫感操作步骤

商家在利用时间的急迫感来吸引人们的注意的同时，也满足了消费者的购买欲望。倘若您在做电商时，能够根据时况，写出带有时间急迫感的标题，不赚钱才怪呢！那么如何命名标题才能突出急迫感呢？具体操作步骤如图 2-1 所示。

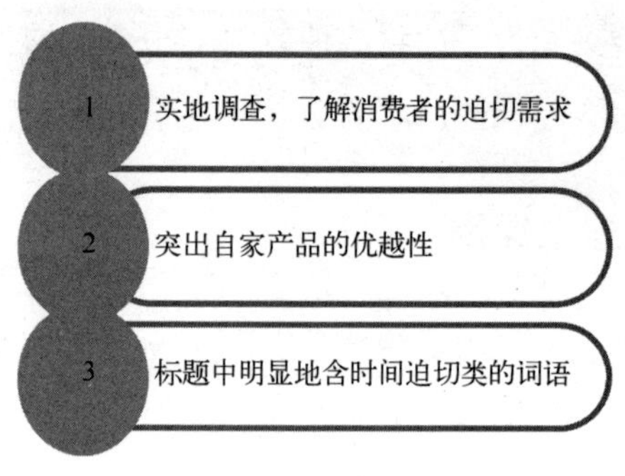

图 2-1　标题写出急迫感的三大步骤

2.2　独特性：为什么日本女性拥有美丽肌肤

想使产品迅速走红，畅销全国，必须赋予产品独特性。

2.2.1　让产品突出独特性的价值及方法

所谓独特性，就是你的产品中独一无二的价值。简单来说，这类产品中你有而对手没有的东西。其实，在一般商品中，很多东西的价值都是共通的，独特性并不多见。

大多数电商经营的都是衣食住行类的商品，而这些商品都归属于一般商品的行列。

此时我们就需要细心地去发现商品中独特的价值，并为商品写一则有内涵、凸显其独特性的标题。如果真这样做了，那么我们就离成功不远了。

2.2.2　SK-II 受欢迎原因大盘点

为什么日本女性拥有美丽肌肤？日本的护肤品，价格不菲，为什么在淘宝上却又如此受欢迎？图 2-2 与图 2-3 为大家展示了一组日本的 SK-Ⅱ护肤品。这一品牌的护肤品价格均比较高，可销量与热度却依然很高。在淘宝上，从事这一护肤品的电商人员真的是有利可图。这是一个神奇的现象，下面我们就来分析其背后的原因。

图 2-2 日本 SK-Ⅱ 肌源修护面霜

图 2-3 日本 SK-Ⅱ Pitera 精华

SK-Ⅱ受欢迎，最主要的原因是它具有祛皱的效果，且能使肌肤保持晶莹透亮。而一般的护肤品通常只具有补水美白功效，效果也很短暂。同时坚持使用 SK-Ⅱ产品，肌肤会越来越好。这一护肤品做到了应有的效果，价格不菲也是理所当然，而且人们也很认同“一分价钱一分货”的道理，所以也欣然接受。

SK-Ⅱ受欢迎的第二大原因是它的品牌效应。一些优秀的电商人员，在淘宝上展示这一产品，总是会把“全世界194冠王”作为主要宣传砝码。一方面突出它的地位及品牌影响力，另一当面也能折射出它的独特性。

由此观之，电商人员如果要把某一产品经营得很出色，就必须放大这一产品的独特性。当一个产品的独特性露出锋芒之时，这一产品在市场上才能立足。

2.3 具体性：在飞机上绝对不要吃的食物

“细节决定成败”，这句名言放之四海而皆准。无论你从事什么样的工作，如果不注重细节，从小的方面讲是有瑕疵，从大的方面讲，将来必定带来严重后果。

2.3.1 细节描述越具体越好

从事电子商务行业，对产品进行标题命名时，其描写更应该注重细节，即对产品的具体特性进行描述。通常情况下，你把一些事情的细节描述得越到位越精确，那么这件事的可信度就越高，就越能抓住听者的心。

比如，你写一篇名为《在飞机上绝对不要吃的食物》的文章，并且还在标题下方罗列了一两类食物，那这篇文章必定能吸引那些未曾坐过飞机却将要坐飞机的人的兴趣。因为这是让那些未曾体验过飞机之旅的朋友们规避风险的最好方法。

2.3.2 美女微商靠标题致富

下面我为大家介绍一个因为微商标题写得具体而最终取得销售成功的案例。

宁霞是一名大专毕业的学生。她所学的专业是电子商务运营管理。毕业后，她选择做一名自由的微商工作者。

她的专业是电子商务管理，所以她深知微商运营应该注意的事项及应该规避的各种风险。在性格上她是个爽朗的女生，为人自信豁达；在工作上她细致入微，一丝不苟；在思想上，她又有着脑洞大开的思路，更加崇尚自由。

同时，她又是位爱美的女孩儿。在大学期间，她就对许多化妆产品有了一定的理解。而且熟悉化妆品的用法以及鉴别化妆品质量好坏的方法。同时，对于肌肤的敏感问题，她也曾做过细致的研究。

在做微商的时候，她选择了做化妆品这个行当。她有着一个属于自己个人的微信公众号，通过亲朋好友的关注与转发，她获得了大量的粉丝。她把自己的微商店铺链接放在自己公众号文底。她的公众号里大多是一些关于女性护肤的内容，而且她的文章写得非常接地气和细致入微。例如，如“女孩子们，保护容颜，要规避以下10大恶习”，所以赢得了粉丝的信赖。

由于她在微商运营工作中细致入微，写的软文标题既具体又具有可操作性，所以在她的店铺下买东西的人越来越多。她也走上了一条属于具有特色的人生之路，走向了人生的辉煌！

2.4 实际益处：以免费吸引买家注意

中国有句俗语，“若要取之，必先予之”。无论你是什么商人，若不敢舍去小利益，甚至因失去一些蝇头小利而耿耿于怀，那么必定不会有太大的成就。

2.4.1 利用网络渠道免费做广告

所谓，有舍才有得，倘若我们出让部分利益给消费者，在消费者那里获得良好的口碑，那么蜂拥而至的消费者的消费行为会使我们赢得更多的利润。

作为一名电商运营者，你必须通过网络渠道或其他渠道，向消费者传播更多的商品信息，从而引起他们的注意，使其到你的店铺里消费，这样你才能赚取更多利润。

现在，在电子商务时代，仅仅通过在商场上发传单或贴宣传画册来发布消息已经远远不能够把信息传到更多人那里了。很多企业也都选择了微信运营或淘宝运营，总之是通过网络渠道来宣传信息。

2.4.2 免费的午餐不免费

在互联网时代浪潮下，电商工作人员必须在第一时间把自己的或单位的免费广告发出去，使更多的人群接收到，这样才能有更多的反馈和源源不断的收益。

下面就以教育机构为例，来说明免费特别广告的实际效益。

9 月份是常规的开学季，市场上很多教育机构就以开学季为由，做各种各样的免费赠课广告。他们的赠课幅度很大，如报满三个月，就免费赠送 10 课时。这样做，一方面家长少出了一部分钱，另一方面孩子也在教育机构进行了学习。

正是由于教育机构抓住了家长们的心理，所以他们总能在开学季发出这些免费特别广告，赢得大量利润，而且屡试不爽。

2.5 比价格：友商 2999 元，同一配置仅售 2299 元

价格战是市场经济中常见的现象，是市场营销的重要组成部分。价格战可以使消费者直接得益，并迅速促进市场扩容。

2.5.1 “价格”是实的，其他都是虚的

在过度饱和的现代市场，电商有时也必须运用价格战来进行营销，但前提是你的产品质量必须过关，如果存在以次充好的行为，也许短期来看，你是赚了，但从长远来看，必然会砸了你的招牌。

从消费者角度来讲，如果能以低廉的价格获得物超所值的产品，那简直是再好不过了。而且如果消费者从此次购买行为中对你产生了信任，那么他们会介绍更多的客户到你这里消费，对你来讲更是一种长远的收益。

2.5.2 当当网打价格战方法

下面给大家分享一个价格战的成功案例。

2013年10月16日，当当网14周年庆开幕节正式开始。图书，作为当当网的支柱品类，当天便以50万种图书5折封顶、20万种图书6折封顶、10万种图书7折封顶、万种童书5折抢、10万种数字书5元封顶等爆炸态势打响周年庆开幕节盛宴第一枪。

参加活动的书籍涉及文学青春、社科、童书、亲子、生活、科教、经管励志等多个方面，主要以当当图书榜榜单的畅销书为主，且折扣力度创全年之最。而当当网的数字馆也推出了《哈佛MBA经典课程大全集》《一问一世界》《了不起的比尔盖茨》等众多5元封顶的热门好书。

当当网的其他品类也相继加入了价格战。例如，服装、百货、家电、家纺、孕婴童等。多品类集体放价，各种满减、封顶、直降贯穿全网，价格攻势十分强劲。

综上所述，价格战仍是电子商务目前最有效的营销方式，但无底线的低价并不是可持续的发展手段。

电商经营者在业绩不理想的时候，可以打一下价格战，但是必须铭记于心的是，如此“烧钱”不够理性，随之可能引发的恶性竞争将导致市场环境的破坏，最终受伤害的将会是消费者。

2.6 比品质：一样的价格，不一样的质量

虽然价格战方法简便，组织实施容易，且市场见效快，适用范围广，可实施了之后，究竟有多长远的效果，所带来的实际收益和风险又都有哪些，就需要认真考察了。与价格战相对立，品质的比拼才是产品竞争的核心。

下面我就给大家分享一个关于电商靠品质竞争获胜的案例。

L公司和M公司都是制造家电产品的。近年来，随着互联网的进步，快递行业的迅速发展，这两家公司也逐渐把自己的产品放在网上进行销售。这两家公司在淘宝上都有自己的店面。刚开始的时候，这两家公司都和原来一样，生

产最好的产品。

可是后来M公司注意到，在淘宝上进行销售，客户又不会亲自上门来检查产品的质量，只要在自己的淘宝页面上放上精美的家电图片，标注详细的使用说明即可。于是，在后期，他们在生产家电产品时，为了降低成本，都选择较为劣质的原材料。比如洗衣机的外壳，他们选择的原材料就比较劣质，如果不小心呵护，极容易破裂；一些标注为原装电视的大屏电视，内部的一些零部件都是一些组装材料，这样电视机的使用寿命就会缩短，使用效果也会大打折扣。

相反，L公司一直坚持着“品质才是王道”的信仰，他们的产品仍然和原来一样，做工细致，用料上乘。他们的产品最终经受住了时间的考验，也赢得了消费者的信赖。而M公司则受到很多消费者投诉，口碑极差，最终在家电行业毫无立足之地，破产而归！

所以，电商人员必须坚信品质的力量。若想在淘宝等店铺中长期经营，就必须坚守“一分价钱一分货，品质有保证，童叟无欺”的经营之道，以这样的方式经营会使消费者买得放心，用得舒心。当消费者对你的产品满意时，客户才会源源不断，生意也才会日渐兴隆！

2.7 限额法：产品数量有限，先到先得，莫失良机

顾名思义，限额就是限制人数。如果你的产品很好，在市场上也很受欢迎，为了促使产品的进一步营销，那么你可以尝试限额法。

2.7.1 限额法标题的好处

限额法有点儿类似“饥饿营销”，但又不大相同。

无论是限额还是“饥饿营销”，打的都是心理战。总之如果你买到了这款限量版的产品，它会给你一种地位的象征，或是让你产生你是与众不同的、你是幸运儿之类的想法。

所谓“饥饿营销”，是指商品提供者有意调低产量，以期达到调控供求关系，制造供不应求“假象”，以维护产品形象并维持商品较高售价和利润率的营销策略。限额常见的形式是秒杀和限量版等形式，如图 2-4 所示。

图 2-4 京东官网上的“秒杀”

限额法，其实适合于有刚性需求的物品、独特的产品或奢侈品牌。倘若，你在网上销售这三类产品，你可以适当使用一下限额法。比如你是在网上销售女士名牌包包或男士名牌手表的，你可以打出这样的标题——“产品数量有限，先到先得，莫失良机”。这样当买家看到你的产品时，有此程度消费能力的人就会争相去购买。

2.7.2 限额营销四步走战略

一名优秀的电商人员应时不时地与京东、天猫、唯品会等大的网站合作，推出属于自己的“秒杀”产品，倘若效果好，会对你日后的生意大有助益。下面我来给大家分析一下限额营销的步骤，如图 2-5 所示。

1. 引起关注

想实施限额营销，首先要引起用户的关注，如果用户对你的产品一点兴趣都没有，也就不会有饥饿感。让大家对产品关注，建立初步的认识是第一步。通常“免费”和“赠送”是最能吸引用户的手段。

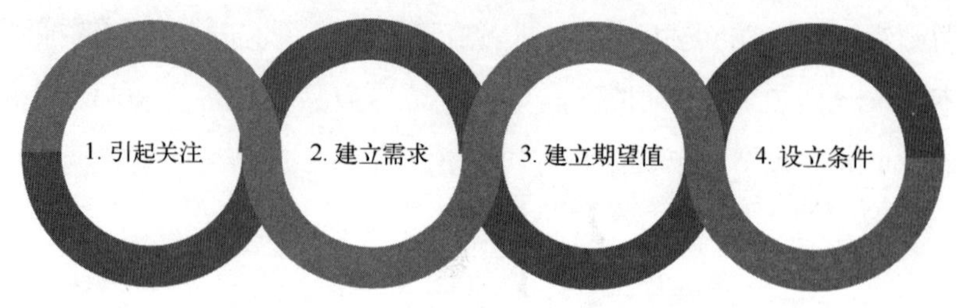

图 2-5　限额营销的四步走战略

2. 建立需求

仅仅是引起用户的关注还不行，还要让用户发现自己对产品有需求。如果大家只是关注，自身却没有需求，那还是达不到目的。

3. 建立期望值

引起用户关注后，还需要再加一把火，帮助用户建立一定的期望值，让用户对产品的兴趣和拥有欲越来越强烈。

4. 设立条件

最后一步，设立购买产品所需要的条件。

但是事物总是具有双面性，限额营销也是把双刃剑。电商人员应适当使用限额营销，过量使用反而会导致消费者的反感。有欲望是人的天性，但人的欲望和追求永远无法满足也是天性。根据菲利普·科特勒的观点，需要、欲望和需求的本质是不同的。欲望的实现——即欲望转化为需求，必须有购买力来支持。因此，如果商家过度使用限额法，不断提高产品售价，当产品的价格提高到消费者接受不了或不愿接受的程度时，他们就会冷静思考、理性行事。当他们发现限额营销的真相后，他们就会感到自己被愚弄了，甚至会有受侮的感觉。严重时消费者一辈子都会“憎恨”这一类的电商行为。其后果是可怕的。

综上所述，限额营销有风险，使用要有度，希望上述方法你能够灵活运用，做一个优秀的电商人员，合理使用限额法，促使生意兴隆。

2.8　给结果：30 天掌握技能，60 天薪水过万

如果你的标题能够给消费者一个明确的结果，而且这一结果对消费者未来的

发展是很有意义的，那么你的标题就已经达到了事半功倍的效果，你的产品也会得到大卖。

2.8.1 电商靠给结果销售产品

东方凯是一名成功的电商人员，他任职于某家知名的 IT 教育公司，他的主要工作是帮公司做网络宣传，目的是通过网络渠道宣传本公司的 IT 教育水平。

刚从事这份工作的时候，他也是循规蹈矩地通过各种手段进行宣传。他曾在街边、在社区发公司的传单，他也曾通过电话手段招收学员，但是效果均不好。

后来，他领悟到电商销售成功的关键在于给消费者一种良好的结果，一种美好的希望。于是，他因势利导，想起了这么一句话“30 天掌握技能，60 天薪水过万”。之后，他就通过网络渠道，为公司的 IT 教育进行软宣传。看到消息的人们纷纷通过网络进行报名，他为公司做出了巨大的贡献。

现在他的工作做得风生水起。

从这个案例我们可以看出，东方凯做电商，营销 IT 教育这类软产品时，果断地选择了结果引导法，通过好的结果因势利导，使客户选择自己的产品。

2.8.2 创作引导法标题操作步骤

下面我就具体帮大家梳理一下结果引导法的操作步骤，如图 2-6 所示。

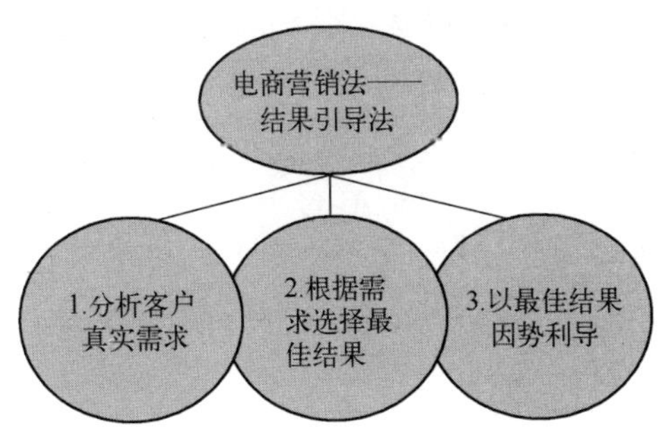

图 2-6 电商营销法——结果引导法

第一步，分析客户真实需求。只有当我们了解到客户的真实需求时，才能够做到急人之所急，才能够思路正确。

第二步，根据需求选择最佳结果。这一步就如同对症下药，医生根据病人的病症开出最佳的药方。当我们了解到客户的真实需求时，我们就要顺势想出，客户最想要的结果或者最佳效果。

第三步，以最佳结果因势利导。当有一个好的结果，人们就仿佛看到了希望，有了希望，就会有动力。如果你给出的结果能够使消费者看到希望，那么你就离成功不远了。

2.9 画饼法：50岁的年龄，12岁的记忆力

画饼法，源于成语画饼充饥。原意是指通过幻想来安慰自己或给人们一份希望、一丝慰藉。

2.9.1 画饼法标题的好处

其实，作为电商人员，也需要适当用一下画饼法，给消费者以希望，消费者才会有购买的欲望和动力。下面为大家介绍一个运用画饼法成功营销的真实案例。

大多数人的记忆力都是会随着年龄的递增而逐渐递减的。比如有时你刚拿过的东西转身便不知把它放到哪里去了？又比如话到嘴边却不知要说些什么？或者你忽然间想到一个人的名字，转瞬又忘却！

市场上的一些保健品行业，无论是实体运营还是网上运营销售，都想开发这块领域，可是他们都感到为难。因为很多中老年人对他们的话语已经不再相信了，觉得他们只是为了赚钱。

2.9.2 画饼法标题创作方法

廖孝是一名微商，他的主要工作就是在他的网店销售一些有益提高老年人记忆力的保健产品。廖孝是一名学电子商务管理的本科生，他头脑灵活，非常善于抓住人们的心理。而且他非常善于沟通交流，很多人都乐意跟他讲话。认识他的

人都说他是个懂得说话艺术且热情诚恳的小伙子。

他在工作时，总是先对他要宣传推广的药品进行一次全方位的了解，并确保此药品是无毒无害的。当他向客户推广时，他总是积极进行心理暗示，最终使消费者逐渐接受。他后来在自己网店打的标语是“即使你 50 岁了，也依然会有 12 岁的记忆力”。

这样一方面通过网络传播，一方面通过口碑效应，他的网店生意也越来越好。

画饼法的核心点在于给客户积极的心理暗示。暗示那些没有信心的人，并且通过你的暗示，使他们相信你的产品，选择你的产品。但同时你还需要做的是坚持，坚持你的善良，坚持你的耐心与恒心。

不过，还应当注意，画饼法的使用应当遵循适度的原则。如果过量使用画饼法，而且又没有达到最终的效果，消费者会认为你是在故弄玄虚、弄虚作假，反而对你的产品丧失了信心，对你的销售也会不利。

2.10 震惊法：120 斤，居然看起来这么瘦

现在在网上卖衣服的商家越来越多，竞争也越来越激烈。于是很多商家都用价格战的方法来拉拢顾客。可是价格便宜了，再加上免运费，很多商家都感到难以为继了。

2.10.1 靠自身优势令买家震惊

Linda（化名）是一个 90 后女孩儿，她大学学习的是美术专业，毕业后最终选择在淘宝上进行服装销售。工作内容主要是通过淘宝界面展示服装、介绍服装，同时做与客服相关的工作。

初来乍到，她先向业界前辈们学习。但网上的竞争日趋激烈，如若想要有一片立足之地，必须有新思路，打开新境界。

由于她是学美术的，她总是以美学的眼光来打量事物。于是她在淘宝的页面上不再只是显示价格，更展示美搭。她向消费者介绍如何穿衣打扮才能显瘦，如何穿衣打扮才能物超所值，如何穿衣打扮才显得更有气质与魅力。她在自己淘宝主页上写着这么一句话：“120 斤，居然看起来这么瘦”，如图 2-7 所示。

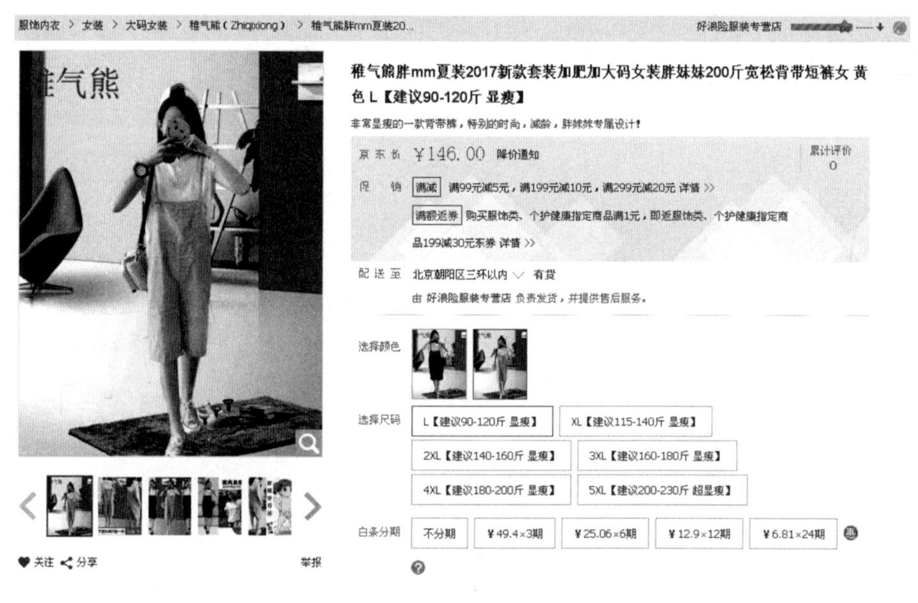

图 2-7　120 斤，居然看起来这么瘦

她的这么一句话，立即引起了广泛的关注。而且她还在线解答关于衣服搭配的问题，以及如何搭配才能显得更漂亮迷人。此外，她也传播一些美学知识。例如，各种 V 领衣服是脸大姑娘的福音，因为可以显得脸很瘦，还可以凸显出锁骨的魅力，看起来更有女人味，如果再搭配一条锁骨链，看起来会更精致。她还建议胖美眉把外套敞开穿，与内搭之间形成细长条的感觉，也可以很显瘦。

就这样，通过各种穿搭的介绍，以及打动消费者的宣传语，她的淘宝店铺有越来越多的人关注，而她的衣服也越卖越火，成了人生赢家。

Linda 的案例说明，作为一名优秀的电商人员，你得有与众不同的想法和独特的思维能力以及专业的素质。这些素质都体现在她所创作的一个令人震惊的标题——“120 斤，居然看起来这么瘦”。

2.10.2 震惊法标题创作方法

下面给大家讲解一下，如何才能写出令人震惊的标题。

第一，留悬念。这是标题中最常用的方法，也是最有效的一招，留下悬念，让消费者自己去你的文章中寻找答案。这样他们既看了你的文章，也浏览了你的商品，可谓一箭双雕。

第二，引起消费者的争议。在这个遍布“键盘侠”的时代，我们也要学会去吸引“键盘侠”的关注，诱导他们来吐槽，互动多了，自然也就会得到越来越多消费者的关注。

第三，引起消费者共鸣。引起共鸣的方法有很多，主要就是调动用户的情绪，引起读者的兴趣波动。比如：设置抽奖环节，不仅能够使消费者感到快乐，而且能够使消费者获取一定的利益等。

2.11 承诺法：7天包退包换，还包邮

无论在什么年代，从商者都必须讲究童叟无欺，而且需要有担当，这样才能换来长久的客户和长久的生意。

2.11.1 靠信誉获取买家信任

电商人员应该遵守承诺，保持为商的信誉。只有当你敢于为客户做出承诺的时候，你才能赢得客户的信任。如图2-8所示，现在网上销售良好的商家都会做出这样的承诺：“7天包退包换还包邮”。

2.11.2 承诺法标题的好处及注意事项

下面为大家讲解一下承诺法标题的好处及注意事项。

首先，良好的承诺能够吸引到消费者的注意。现在，很多网购者都很在意自己中意的产品是否包邮。倘若包邮，能为他们减少一部分开支，他们就会很乐意

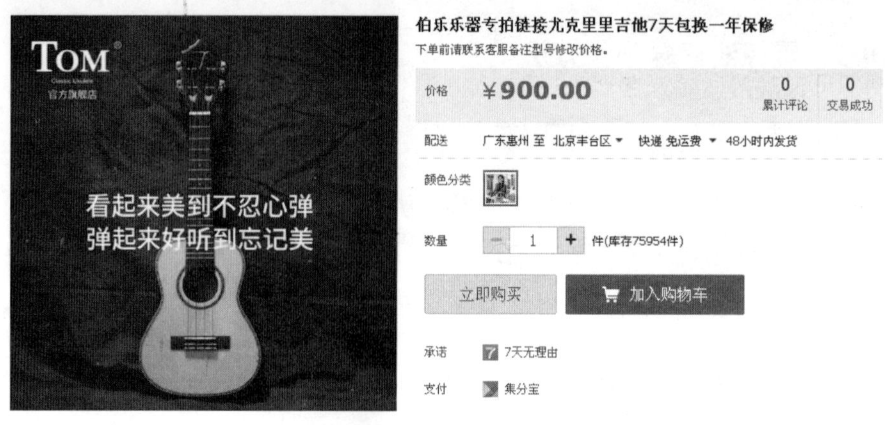

图 2-8　淘宝经营者的惯用法“7 天包退包换还包邮”

去购买这家店铺的产品。

其次，一个良好的承诺能够获得消费者的认可。当消费者在网上看到中意的产品，而且商家还表明 7 天包退包换，一年保修，产品售出时附带保修卡和发票，这样的话，消费者会很乐意接受，而且会对商家产生信任感，并乐意从该商铺购买商品。

最后，作为一名电商人员，你应当谨记“承诺要兑现”的原则。有的商家的确在店铺上标明“保修包换”的字样，可是一旦产品真的出了什么质量问题，消费者要求再换一件新品时，他们要么推三阻四，要么置之不理。对一两个消费者这样做也会不会有太大影响，倘若长此以往，你的信誉必定大打折扣，最终毁的还是自己的招牌，简直是得不偿失。

2.12　给方法：没空去韩国？就来××小屋

消费者乐意在网上购物的原因有很多：

一是网上的商品琳琅满目，他们只要能上网就能获得海量信息。

二是网上购物省时省力，在过去买件衣服都得逛好几条街，花上大半天的时间，有时甚至还碰不到一件自己中意的产品。

三是网上购物定位精准，假若你想要一件男装，你只需要搜索框内输入“男装”即可，假若你还想选择其他款式的服装，你只需要输入相关关键字即可。

其实，大家选择网上购物最主要的原因还是网上购物省时省力。

2.12.1 设悬念，给答案

为了能够让消费者在网上迅速搜索到你的店面，作为一名合格的电商人员，你必须能写出一些符合自己品牌特色，并且能精准定位相关人群的标题。

小吴是一位帅气的潮男，他有一家自己的服装店面。他很善于经营，在自己的店铺主页面设计了这样一则标题——“没空去韩国？就来××小屋”。没过多久，他的衣服就大卖了。

小吴成功的关键在于，他的标题首先设置了悬念，其次又给出了一个明确的答案。这样通过一问一答的方式，既为消费者提供了一个精准的定位，又为他们提供了一个明确的方法。

2.12.2 给方法标题的创作方法

下面我们具体讲解一下在网站上如何为自己的产品找到一条合适的推荐方法。

首先，要明确自己产品的属性和产品的人群定位。假如你是在网上卖酒的，你把自己的产品定位为食品类，从本质上讲没多大问题，只是范围不够精准而已。

其次，巧用疑问语气抓住消费者的眼球。人对生活中有趣的事情总是关注度很高，通常有趣的事情都是你想过但是未曾明确地给出自己的想法的事情。对于这类事情，倘若我们以设问的形式写出，必然会吸引他们的目光。

最后，给出明确的答复让消费者印象深刻。往往第一印象是最深刻的，当你提出了一个令消费者感兴趣的问题时，又能及时给出一个明确的回复，那么留下这位消费者的成功率就达到了 80%。

世事贵在坚持，倘若你总是换位思考，设身处地地为消费者想一些方法，为他们省时省力，他们接受你的商品便是迟早的事情。

2.13　价值法：价值 3 万元的豪华套餐，限量 8888 元

电商人员想要将自己的产品销售出去，就要懂得一些价值法。所谓价值法，就是通过限时的价值差，显示出此时购买此产品的巨大优惠。简单来说，就是打折优惠。根据人们追求物美价廉的商品的心理，价值差法更容易达到吸睛的目的，同时也有利于产品的进一步销售。淘宝限时价，产品疯狂抢购示例如图 2-9 所示。

图 2-9　淘宝限时价，产品疯狂抢购

下面为大家分析一下价值法使用的注意事项：

（1）价值法一般在店铺开张或清仓处理时使用。开张时使用一是为了增加人气，二是为了销售商品；清仓处理时使用，主要是为了进一步地销售商品，减少货物的积压。

（2）价值法一般选择在特定节假日使用。比如，双十一、国庆节，在这样的日子里，人们选择休闲娱乐的比较多，更容易在网上看看有没有打折促销商品。

（3）价值法一般选择在季节交替时使用。季节交替时，如果是服装类商品会有一个季末清仓处理活动，这一活动，由于商品价格低，所以能够引发消费者的购买行为。

（4）价值法也适合在商品滞销时使用。商品的滞销会进一步导致商品的过时，如果此时不尽快出售，那么商品最终会砸在自己手里。明智的电商人员会选择在这一时间段进行打折促销，以防止商品的进一步滞销。

2.14 速成法：30 天能学会，60 天成达人

2.14.1 速成法标题创作方法

下面为大家分享一则案例，看一下速成法这种标题应该如何使用及其具体操作过程。

高妹是一名自由的微商工作人员，她的丈夫是一名烘焙师。于是她就想了一个主意，在网上销售她丈夫的一些烘焙视频教学软件，并在其微信商铺的首页注明“初学烘焙必看，30 天教你成为烘焙达人！”的标题。

她在微信店铺页面的介绍中写道：“这是一套神奇的烘焙教学教程，只需自学就可以完全掌握的技术！不管你是刚刚入行的新人，还是有多年行业经验的老师傅，甚至你仅仅是在心里向往烘焙事业，抑或你是想为爱人、孩子做西点，不管因为什么，你只要学习 30 天，就能掌握一套令人刮目相看的技术！”

而且她还图文并茂地向我们展示了一些具体的学习内容和其他相关信息。通过如此详细的介绍说明，再加上社会上人们对烘焙美食的热爱及强烈需求，她的微商生意越来越好。

2.14.2 速成法标题创作技巧

一般来讲，速成法适用于课程类产品的网上销售。下面笔者总结一下速成法的适用范围和技巧：

（1）在用速成法介绍产品时，一定要以图文结合的形式进行说明。

（2）在用速成法介绍产品时，一定要突出重点以及注意细节。重点能让消费者看到产品的优势所在；细节能让消费者感受到你所销售课程的细致与专业。

2.15 佐证法：百万女神选择，她们都在用

佐证法也是电商常用的一种工作方法。所谓佐证，就是用众多的案例来突出你的产品的社会认可度。或者说，佐证法就相当于我们所说的口碑效应。用佐证法做标题可以提高产品的可信度，从而增加产品的销量。

2.15.1 佐证法标题设计技巧

左小溪在天猫商城开了一家口红专卖网店。她在自己的商家首页上写下了这样一则标题——“百万女神的选择，她们都在用”，而且还附加了一些消费者的真实好评的截图。

她以这些截图作为证明材料来对产品进行口碑宣传，同时她的标题更是进一步渲染了她的产品的销量和社会认可度。这些因素的叠加，最终促使她的网店生意越来越红火。

2.15.2 佐证法标题创作注意事项

下面我为大家具体分析一下，运用佐证法的注意事项。

第一，佐证材料必须真实有效。所谓真实，就是不能参假，不能虚假宣传、以次充好；所谓有效，是指你的佐证材料能够配合你的标题产生相当强的说服力，呈现商品应有的效果。

第二，佐证材料必须有理有据，充分到位。所谓充分，就是说你的佐证材料必须是全面的，而且数量多，能够从多个角度阐释商品性能、特色并展现良好的口碑。

第三，在形式上，佐证材料必须讲究图文配合。在电商时代，图文信息的传播速度和传播范围越来越广，这就需要我们电商人员积极与消费者进行沟通，争取让他们在购买商品后，进行截图以及好评评论。当我们拥有这些材料后，才能够做到图文相配，更好地为我们的产品效果进行证明。

2.16 联想法：下雨天，巧克力和音乐更配哦

联想法是一种有趣的思维方法。一般情况下，具有相似性或是具有对比性的事物之间，最容易引发关联性的想象。

2.16.1 联想法标题的好处

世界上的许多事物，都可以通过某种特定的方式联系在一起。善于联想就是人类高出其他物种的一种非凡能力，体现了人类的思想水平。

如果根据商品的特性，并与具有相关意义的事物建立联系，可以使广告创意不落俗套，而且能够使广告以一种更具深意的表达方式引发受众的好奇与思考，从而促进大众对你的商品的消费欲望。

其实所有的广告都一样，最终目的都是为了达到产品宣传的效果，从而增加销量。电商人员如果善用联想的方法命名广告标题，必定会为你的商品增色不少，从而增加销量。当然，电商人员为自己的商品做广告标题时，也可以效仿一些比较成功的广告案例，比如“下雨天，巧克力和音乐更配哦”。

2.16.2 联想法四大类型

下面介绍四种联想法的具体方式，当我们陷入广告标语困境时，运用这些思考方式来推理，也许会获得突破性的收获。

联想的类型主要有接近联想、相似联想、对比联想和关系联想四种，如图 2-10 所示。但这种分类不是绝对的，如接近联想与相似联想就存在高度的关联。

第一，接近联想：事物在空间或时间上的接近所产生的联想。例如，苏东坡

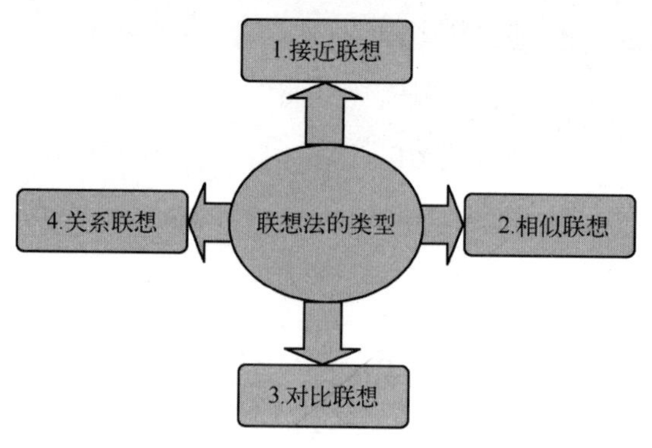

图 2-10　联想法的类型

在杭州整治西湖时修建的“苏堤”，这个名字就是根据疏浚挖出的苏草和湖泥堆筑成横跨南北两岸的长提联想到的。

第二，相似联想：对性质接近或相似事物产生的联想。例如，屎壳郎与耕作机。

第三，对比联想：对某一事物具有相反特点所产生的联想。例如，光明高钙奶是让孩子长高的，但广告画面上却出现一件挂在矮处的礼服。如果仔细看，你会发现是童话故事里的公主礼服，旁边有 7 处高的挂衣服的地方。该广告通过用事实对比的联想来突出产品的效果，无疑是比较好的对比联想案例。

第四，关系联想：由事物间的各种关系所形成的联想。例如，看到地面是湿的，便会联想到昨夜下过雨或者有喷水车走过。

综上所述，掌握一套创意方法是很重要的，这样在思路困乏的时候不至于无从下手。但不要被所谓的法则所限制，良好的创意需要绝佳的灵感，有了灵感则思路通，思路通则事事通。

2.17　逃离恐惧：黑不怕，瞬间变白

逃离恐惧法是指你的方法或策略能够使人们不再感到害怕，久而久之还会使人们最终克服恐惧心理，建立自信。用逃离恐惧法作为标题，可以使消费者对你

的产品产生膜拜的心理，激发其购买欲。

2.17.1 逃离恐惧法标题的好处

恐惧是指人们面临危险时，试图摆脱而又无能为力时所产生的一种强烈而压抑的情绪。简单来讲，恐惧心理就是平常所说的“害怕”。

当一个人产生恐惧心理时，特别是恐惧某一个事物，久而久之，只要人们提及这个事物，这个人就会产生心理不适感，或自卑或害怕。“一朝被蛇咬，十年怕井绳”，就是典型的恐惧心理；“杯弓蛇影”更是恐惧到了极点对自己的身体产生极度负面影响的典型案例。

逃离恐惧是人们共同的心理追求。人们都希望生活在没有恐惧的青山绿水中，享受生活的美好。作为一名电商人员，你需要时常运用逃离恐惧法，使消费者相信你，相信你的策略，相信你的产品，从而使他们远离恐惧。下面我给大家分享一个成功运用逃离恐惧法的典型电商案例。

小白是一个在网上卖美白护肤品的时尚女孩，她的产品销量在同行中首屈一指。这主要是因为她善用逃离恐惧法创作标题。她认为，女孩子一般都比较在意自己的容貌。如果长相极好，肤色偏黑，这样的女孩儿其实也是蛮有吸引力的。可通常情况下，事实总是相反。一些女孩儿由于长相一般，肤色又偏黑导致她们产生了一些较为自卑的想法，从而影响她们的学习、工作乃至生活。

俗话说“一白遮百丑”，所以女孩都想变得白白的，让自己显得分外亮丽，就算长相普通，皎白的肌肤也会让人眼前一亮。所以变白，是很多女孩所向往的。

正是基于这样一种心理，她为自己的美白产品做了一个响亮而富有震撼力的标题——黑不怕，瞬间变白。女孩们看到这样的标题很少有不心动的，对这样的产品也总是跃跃欲试。同时，她也在自己的网店上发布一些美白的通用技巧来吸引消费者。如调整作息、注意防晒、多吃富含维生素 C 的食物、保持愉快的心境等。正是这些因素推动了她的产品热卖。

2.17.2 逃离恐惧法标题创作技巧

下面为大家介绍一下电商如何使用逃离恐惧法创作标题。

首先，电商要准确地把握消费者的恐惧点所在。例如，老年人恐惧病症、女孩恐惧皮肤黑、学习不好的孩子恐惧学习等。

其次，根据消费者的恐惧点提出合理的逃离恐惧措施。例如，针对老年人的保健产品，可以打出延年益寿的标语，针对孩子不爱学习、厌学的心理，可以打出“跟着××产品走，孩子爱上学习”的标语等。

最后，要配合你的恐惧逃离法，提出一些通用性、常识性的知识来获得消费者的认可。

2.18 孤独型：“脱单”神器，轻松找到另一半

孤独型的标题就是利用人们害怕孤独的心理，找到一种使人们避免孤独的方法，从而吸引消费者的关注与认可。

2.18.1 人类害怕孤独类型

人总是害怕孤单，害怕被群体抛弃，变得孤零零。

一般有三类人害怕孤单，也总是想避免孤单。第一类人是小孩子，当没有人与他们玩闹时，他们会很着急，有时会急得号啕大哭；第二类人是老年人，由于年老的关系，他们的记忆力在衰退、社交能力也在衰退，最后只能待在家里、孤单地想着往事，却又无人诉说。他们总是盼着有人能与他们唠唠嗑，可是现代社会，竞争压力大，儿女们都去工作了，孙子辈也都上学去了。他们只能孤零零地自己在家。第三类人是社会上的大龄男女，就是当今时代所谓的“剩男剩女”。

“剩男剩女”中有的人可能有中意的对象，只是碍于面子或缺乏勇气或因为

其他原因，最终没有告白，导致一直单身，最终只能一个人唱着“单身情歌”。

2.18.2 孤独型标题的“套路”

下面同大家分享一则电商案例。

华小青是一名淘宝销售员，她主要营销的是玫瑰花和礼盒。可是玫瑰花是季节性和时节性产品，若要想产品销售得好，必须有绝佳的思路。

考虑到玫瑰花是爱情的象征，她在情人节到来前期，在自家的淘宝店打出了“选择了玫瑰，就是选择了爱情，就是选好了一生”的标题。她还经常用的另一则标题是“情人节倒计时！7 大爱情神器让你轻松俘获另一半！”

除了标题，她还写上这样一段话：情人节向来少不了鲜花的点缀，尤其是代表爱情的玫瑰，市面上虽然玫瑰的种类繁多，但是要么漫天要价，要么品质无法得到保障，让不少朋友头疼，为此我们特意为大家带来高性价比的“唯爱”红玫瑰花束，相信一定能让各位的浓情蜜意升级！

由于她的思路清晰、标题引人，抓住了单身青年细腻的心理，所以她的玫瑰花在情人节当天获得了大卖。有意义的是，好多客户都在淘宝页面上进行反馈，说她的玫瑰真的让他们收获了爱情！

作为一名优秀的电商，你必须懂得做生意的“套路”，“套路”的精髓就是把握人们的真实心理诉求。华小青之所以写出了引人注目的标题，是因为她了解人们的孤单心理以及玫瑰的花语。

2.19 面子型：价格虽高，但闺蜜都在用

面子型的标题就是说，电商人员在写标题的时候要抓住消费者好面子的共性心理。

2.19.1 闺蜜网利用消费者好面子的心理创佳绩

从消费者个人的角度来讲，盲目地好面子是不利于理智消费的。但电商人员

要合理利用消费者的好面子心理，这样才能销售更多商品，获得更多利润。

冯彩是一位知名的化妆师，对化妆品的了解可谓如数家珍。一次偶然的机会，她进入了闺蜜网的官网。她得知闺蜜网是国内较大的美容品消费交流社区，目前拥有1800多个品牌、6万多款美容品、上百万份美容品口碑。闺蜜网面向都市时尚女性提供美容、护肤、彩妆、瘦身、保健等女性用品的产品信息、导购资讯和用户讨论，帮助时尚女性正确选购适合自己的美容用品和服装服饰。

她曾看到闺蜜网上某家店面看到这样一则标题——“价格虽高，但闺蜜都在用”，由此吸睛无数，好多人都竞相购买。如图2-11、图2-12所示也是利用消费者好面子心理的典型。

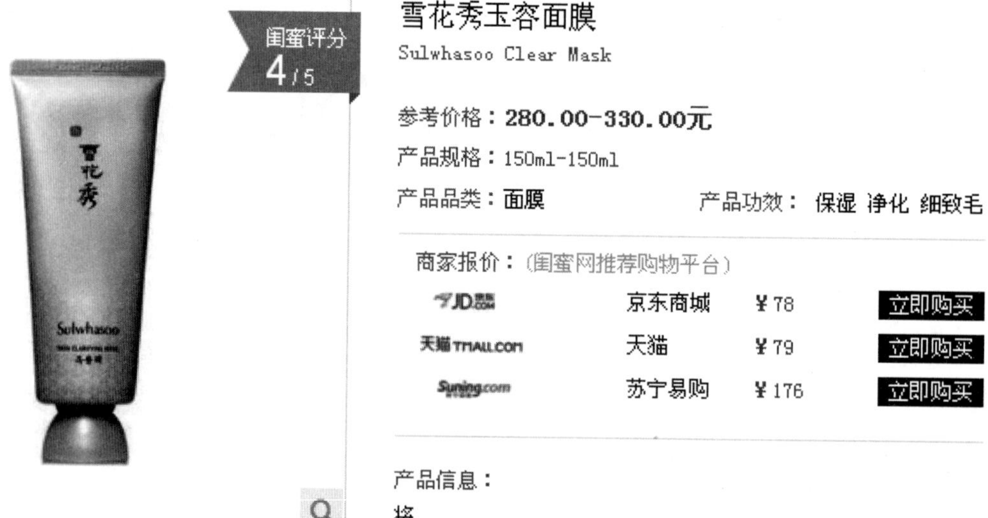

图2-11　闺蜜网闺蜜评分吸引消费者竞相购买

闺蜜网正是利用人们的好面子心理，以及分享购物感受的评价而吸引了大量顾客。

2.19.2　抓住消费者好面子心理的方法

下面我就分析一下，电商人员应该如何抓住消费者的好面子心理，从而使产品被关注并实现热销。

图 2-12 闺蜜网上消费者的真实评价

第一，产品必须针对特定人群。比如女性护肤品必须针对女性，从而引发闺蜜之间的相互分享、交流；教育机构必须针对学生，如果某一家教育机构的教学质量高，必然会引起家长们的注意与争相报名。

第二、产品必须具有高附加值。倘若，你是在网上销售大米的，你便不大可能利用好面子心理来引起人们的注意，而只能通过低价优惠的方式来促销。但是护肤品不一样，护肤品的高价值在于使用产品后，能够使你更加漂亮更加自信，所以这种产品可以通过闺蜜间的相互分享、交流来引发购买热潮。

第三，产品必须设置反馈渠道。反馈是获得关注的有效手段。消费者的反馈率越高，说明产品越受欢迎，人们也更愿意去购买这家店铺的产品。反馈也会使人们对产品获得更多的了解，提高对产品的认可度。

2.20 数据型：让大数据与尺寸无缝对接

数据型标题就是商家通过详细的数据，将商品全方位地展示给消费者。这样使消费者能够通过数据清楚地了解到商品的外观和性能，做到心中有数。倘若你的数据精准有效，那么对一个较为专业的客户来讲，你能够争取到他的信任；对一个对此产品认知度较低的客户来讲，他则能因此对商品的综合信息有一定的了解，从而产生购买的欲望。

2.20.1 用数据展示产品性价比

小吴（化名）在京东上有一家销售戴尔计算机的店面。他在销售的时候，很善于用数据说话。图 2-13 在整体上对戴尔计算机的性价比优势做了说明；图 2-14用数据展示戴尔计算机的性能与品质；图 2-15 用更加详细的数据展示戴尔计算机的细节。

图 2-13 用数据展示戴尔计算机的性价比

细节，塑造品质

图 2-14 用数据展示戴尔计算机的性能与品质

小吴通过数据对产品的一系列性能进行了展示，使消费者准确地把握了产品

图 2-15　用更加详细的数据展示产品的细节

的性能以及品质，赢得了消费者的信任，从而使商品得到了热销。

2.20.2　梳理大数据思维的方法

下面我来具体分析一下，电商时代，电商人员应如何用大数据产生事实胜于雄辩的效果，从而促使商品的热销。

一方面，应该转变观念，树立大数据思维。具体做法如下：

（1）培养运用大数据的习惯。进入大数据时代，销售人员需要时常上网，查询自己销售商品的综合数据，了解商品的市场占有率以及受欢迎程度，从而为自己的店铺运营打下良好的基础。

（2）学会挖掘大数据的核心价值。对于数据的筛选也不是盲目的，而是有目的、有重点的。作为电商人员，你要详细了解的是商品目前的市场占有率以及未来 3~5 年的市场占有率。只有做到这些，才能剖析出市场热点、商品市场的趋势以及客户分布，最终挖掘出数据的核心价值，为我们的销售服务。

（3）在销售中，注意发挥大数据的引领作用。只是了解数据，而并没有把数据应用到实践中来，那么也只是纸上谈兵。销售人员要做到的是运用数据说话，运用大数据办事，使自己的工作效率更高。

另一方面，在改变观念的同时，应该做到理性分析，跨越大数据的鸿沟。在互联网、物联网技术高速发展的今天，网络确实为推动市场化的发展提供了海量数据。然而，网上的数据也存在着虚假或者滞后的问题。电商人员要学会理性分析所谓的大数据，做到把网上数据与具体的实际相结合。这样你的销售才会贴近生活、贴合实际，你的销售才会越做越好。

2.21 特定型：这是00后必备的风衣

所谓特定型，是指产品是为某一类人专门定制的。

2.21.1 特定型标题创作方法

世界上没有两片完全相同的树叶。这就说明即使是很接近的事物也有属于各自不同的特征。事物如此，商品交易行为更是如此。作为一名优秀的电商人员，你必须具备区别对待消费者的能力，要有目的性、有针对性地进行网上销售行为，如图2-16所示。

图2-16 淘宝关键词00后外套

制作特定型标题的目的，就是向某一特定人群销售特定产品。具体做法很简单，就是通过市场问卷调查或网上资料调查，了解某类人的普遍需求。然后根据他们的共同需求或兴趣爱好生产销售相应的产品。但关键是，数据信息必须精准，否则据此生产、购进的产品将无法满足市场需求，这样反而会得不偿失。

2.21.2 特定型标题的好处

下面就具体分析一下特定型标题的好处吧。

一方面，特定产品立足于明确的市场定位，更有利于产品的销售。

另一方面，特定产品能引发特定人群的关注，从而促使该产品的热销。比如，你写一个零食消费类的标题“这是 90 后的独家记忆，依然是童年时的独有味道哦”，必然会引发 90 后的争相购买。

2.22 数字型：50 公里没有工厂，纯净水源

所谓数字型标题是指，在标题的撰写中能够巧用数字，用数字来突出产品的高性价比。电商人员学会巧用数字，能够有效推动销售。

2.22.1 数字型标题好处

水忠玉是在网上进行纯净水销售的一名员工，他曾经为自己的纯净水写了这样一则标题：“50 公里没有工厂，纯净水源”。此标题帮他赢得了消费者的信任。这样的标题在于用数字说话，让消费者能更加清晰明了地获取产品信息。另外，这一标题能让消费者感觉到水的清澈清凉，达到立竿见影的效果。

下面我就具体分析一下数字型标题的好处，以及如何写出具有震撼力的数字型标题。

（1）数字型标题容易吸引顾客的注意力，使消费者思考变少，阅读更有效率。现代社会，信息量那么大，消费者那么忙，大家更倾向于在短时间内获取大量信息，看标题都是一扫而过，因此带数字的标题会比不带数字的标题更容易吸

引消费者。

（2）数字型的标题能够突出显示产品的核心因素，使消费者做到心中有数。通常情况下，在读完数字型标题后，消费者就会对卖家的产品有一个条理清晰的认识，同时对你的产品介绍会有个阅读时间的预估，而且可以快速在产品介绍中找到他们需要的信息。整体来讲，一个数字型标题，往往会使产品的介绍更加条理清晰、重点分明。这样消费者就会更加容易接受你的产品。

（3）数字型标题更具体、更形象生动，易激发消费者的兴趣。

2.22.2　数字型标题三大类型

下面我们再分析一下具有震撼力的数字型标题有哪几种类型。

第一种类型，表数量。在产品的标题介绍中，突出你的产品更实惠。例如，价格优惠，两件八折。

第二种类型，表时间。在产品的标题介绍中，凸显时间的紧迫性。例如，全场 99 元，仅限 3 天。

第三种类型，表空间。例如，本节标题所介绍的“50 公里没有工厂，纯净水源”，该标题通过空间的介绍使消费者对水质特别放心。

综上，在进行产品标题拟写时，要学会巧用数字型标题，通过数字的介绍，为你的产品宣传带来立竿见影的效果。

2.23　疑问型：如何让你的回头率超过 120%

所谓疑问型标题是指，标题以疑问的口吻向消费者展示一个问题，引起消费者的好奇与关注，而且能进一步地激发他们的兴趣，最终引发他们的消费行为。

2.23.1　疑问型标题的好处

疑问型标题往往是先提出一个别人难以回答的问题，然后再给出一个别人想得到的答案。比如，“胖妹妹穿裙子同样好看，你信不信?”当喜欢穿裙子的胖女孩看到这样的标题时，她们肯定会毫不犹豫地点击进入这家店铺。所以，疑问型标题要以给人解决疑问为落脚点，这样的标题最能获取大量的点击率，而且这类标题也能促进店铺的软文推广。

欧阳小奇（化名）在京东上经营了一家雨伞店。他的雨伞种类繁多，有传统的长雨伞，有流行的折叠式雨伞，还有复古的油纸伞。最特别的是他的创意武士刀长伞，如图 2-17 所示。他在自己店面的封面上写了这样的标题：“如何让你的回头率超过 120%?创意武士刀长伞，男神必备，回头率超高”。

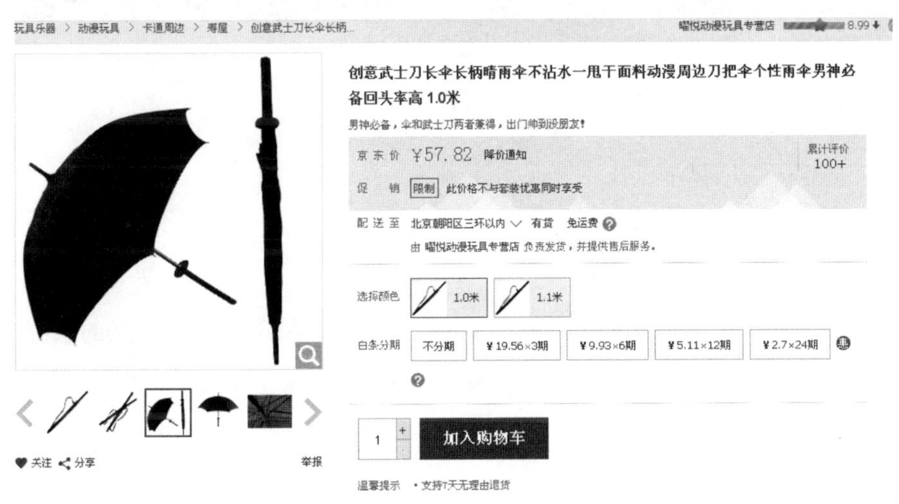

图 2-17　回头率超高的创意武士刀长伞

他的疑问型标题，引发了消费者的关注，同时他的创意武士刀长伞也确实很酷很潮流，由此引发消费者的热捧。他的生意也如火如荼。

2.23.2　疑问型标题创作方法

下面我们具体分析一下疑问型标题的具体写法。

首先，要学会用疑问句引发好奇心 。举例：用了这款面膜，我的皮肤变好了——如何让皮肤返老还童?听了这个课程，我涨了工资——三个月薪水翻三番，想知道我是怎么做到的吗?花了 7000 元，挣了 70000 元，创业 4 个月我做了什么?以上这些简单的问句，都足以引发消费者的好奇心，从而达到很好的营销效果。

其次，要学习一些常见的疑问句形式，如常见的“如何体”。例如，“如何三个月减掉二十斤？”这样的标题就能吸引那些胖胖的小伙伴们的注意。

最后，要学会紧跟时代潮流。多用时尚的引发关注的网络用语，使你的标题更加接地气，更加有趣。只有当你为消费者带去快乐、带去时尚元素的时候，他们才会进入你的店铺浏览，最终增加你的销量。

2.24 “攀附”型：当红巨星××都在使用的产品

所谓“攀附”型标题，就是借助某款知名产品或某个明星为自己的产品增光增彩。这种类型的标题利用了明星效应。

2.24.1 “攀附”型标题的好处

唯品会有一家专卖衣服的店铺，店铺封面上标注着“女神某某的选择，还在等什么”，逛网站的一些女孩子看到后，纷纷选择购买此家店铺的产品。

阿紫在一号店有一家自己的网店，主要销售面膜。她在自己店铺封面写着“某明星同款面膜，护肤美白看得见”。同样地，她的面膜也大卖。

明星效应有着很大的带动消费的作用。无可否认，早期的许多广告都是用明星的魅力造就了品牌的魅力！如100年润发品牌，以当时红极半边天的某香港影星做代言人。产品迅速红遍大江南北，成为家喻户晓的品牌！在电商时代，明星效应将会持续发挥作用。

2.24.2 “攀附”型标题创作注意事项

然而并不是随便一个明星都可以胜任代言，对明星的选择也有许多原则和规律。下面我们就具体分析一下，电商时代，电商人员用明星做佐证的具体注意事项。

（1）一般来讲，广告会对广告的特性进行具体的分析，从而将明星按照“准确营销”的观点进行理论总结，把形象代言人的角色进行细分，进一步使明星与所代言的产品契合。

（2）为品牌代言的明星必须能够传达品牌独特、鲜明的个性主张，使产品得以与目标消费群建立某种联系，顺利进入消费者的生活和视野，达到与之心灵的深层沟通，并在其心中树立某种印象和地位，使品牌变成一个有意义的带有附加价值的符码。

（3）明星代言必须通过一定的媒介或载体传播诉诸目标受众，从而在品牌如云的市场中树立和打造个性化的品牌形象。打造个性化的品牌形象有多种方式。或者通过品牌创立人独具人格魅力的形象代言，给目标受众以鲜明的品牌个性和信心；或者通过影视明星、社会名人极具亲和力的形象代言，令品牌产品迅速对目标消费群的购买施加影响；或者通过虚构人物演绎品牌叙事，传达品牌理念与价值取向，赢得目标受众的认同；或者通过漫画式卡通动物的形象代言，塑造活泼可爱、令人耳目一新的品牌形象，让人在相视一笑中对品牌产生美好的联想和印象，从而达到明星效应的最佳效果。

但是，在当今这个手机屏幕、网络渠道上到处都充满了明星的时代，消费者往往会因为过多明星的干扰和没有创意的产品功能介绍，而忽略产品本身的因素，甚至会张冠李戴。所以要有效发挥明星效应，必须保证明星的气质与产品高度契合，倘若做不到这些，那么明星效应的发挥就不能达到最佳的效果。

综上所述，电商人员选择运用明星代言的产品做网上店面封面时，绝对不能草率，不能跟风，而是必须深入研究，把握时机，步骤清晰。

2.25　限时型：仅限今日 2 小时，大奖等你拿

所谓限时型标题，就是通过时间的紧迫感以及奖品的诱惑，吸引消费者马上进行商品的购买。拟好这类标题的关键就在于要抓住消费者内心追求物美价廉的心理以及渴望中奖的心理。

2.25.1 限时型标题的好处

拟写限时型标题一定要把握好时机，把握好时机才能获得高额的利润。

肖荣是一位在淘宝上卖青年时尚衣物的电商人员，他头脑灵活，善于捕捉新事物，并利用新事物促进自己的产品热卖。

由于他的年龄不是很大，也很接地气，他也知道当下年轻人都喜欢什么，于是他就经常投其所好，进行产品的限时抽奖活动。他现在做得比较好的限时活动是“每日仅限两小时，在此时段买衣服必有抽奖机会，抽奖必得王者荣耀精美小饰品一份”。因为他了解到，王者荣耀这款手机游戏在青年人群中很受欢迎，通过这样的活动，必然能够引发他们的购买热潮。

果不其然，没过多长时间，他的产品就宣告售罄。

2.25.2 限时型标题创作注意事项

下面我们具体分析一下，创作限时型标题的注意事项。

首先，限时销售的商品及赠送的奖品，人气必须高，对消费者必须有一定的诱惑力，这样才能够引发人们的购买欲望。否则，不能达到更好的效果。

其次，限时型标题不能常用，要注意频次。通常选择在新店开张、产品滞销或重大节假日使用。比如节假日、双11来临之际便可以试一试这种做法。否则过于频繁地使用，反而会适得其反。

最后，要严格遵守国家相关规定，不得在明令“禁止使用限时活动”时，私自使用限时活动，否则会受到相关的约束，不利于产品的售卖。近年来，国家对“限时促销活动”也有相关法律法规的出台，电商人员一定要尽熟于心，防止“踩高压线”，使自己陷入不太好的境地。

2.26 制造负面型：如果你超过了21岁，再不增高就晚了

制造负面型标题，是指你的标题能够使消费者产生一种负面的、高压的心理反应，这种心理感觉会使他们焦躁不安。如果他们想要摆脱这一负面影响，便会从你的文章中寻找相应的解压措施。

2.26.1 矮个子，伤不起

笔者曾在天猫商城上看到过一则制造负面型的商品标题，也给笔者留下了深刻的印象。那件商品介绍的封面上写了这样的标题："矮个子，伤不起！"。这样的标题对那些身高偏低的小伙伴们来讲是一种刺激。这便会激发消费者思考，到底该如何才能解决这一问题。

果不其然，这样的标题引起了很多用户的关注，他们纷纷进入他的店铺一窥究竟，最终发现这家店面是在做内增高鞋的宣传，如图2-18所示。于是，很多用户就会为自己选择一双内增高的鞋。

图2-18 内增高鞋的宣传网页

该商家正是通过制造负面型心理的做法，引发了消费者的购买行为，促使自

家的内增高鞋子大卖。

2.26.2 制造负面型标题创作注意事项

下面我就为大家分析一下制造负面型标题应当注意的事项。

一方面，负面性词汇的使用要适度。不能出现过于令人惊悚的话题，不能涉及太过私密的话题，更不能涉及黄赌毒等敏感的词汇来引发人们的恐慌。

另一方面，制造负面型标题的使用频率一定要低，使用的时机也一定要合适，否则会适得其反。毕竟人们在购买商品时，都是想在一种较为愉悦的心情下购买的。倘若你的标题起得令人作呕，那么人们就要逃之夭夭了，哪里还会购买你的商品。

2.27 同类型关联：不同花色的 T 恤放一起

顾名思义，同类型关联就是把相同类型的产品放在一起。这样做，有利于产品的分类更加合理。

2.27.1 拒绝单一，巧妙关联

小华在唯品会有一家服装店，他的衣服卖得特别好，就是因为，他懂得把不同花色的 T 恤放在一起，造成一种货物繁多的感觉，从而促进销售。

虽然都是在网上卖 T 恤的，假若你的产品摆放展示色彩单一，那么会给顾客造成一种货物短缺、库存紧张的感觉。倘若，你的商品各种颜色都有，显得五彩缤纷，会给人一种款式新颖、选择空间大的感觉，同时也会在视觉上为你的产品品质加分。

2.27.2 同类型关联标题创作方法

下面就具体介绍一下如何使用同类型关联法创作标题。

第一，把产品按种类划分。比如你是在网上销售多种服装产品的，既卖休闲

服，又卖商务服，还卖学生装与儿童装。那么你要做的首先是根据种类划分。

第二，在种类划分的基础上，按尺寸划分。这样做会给人一种统一管理的感觉，会给消费者一个很系统、很整齐划一的感觉。

第三，在以上两个步骤的基础上，将衣服按颜色划分。经过这样的整理，你的产品会显得种类繁多、色泽鲜艳，为你的产品大幅加分。

2.28 价格型关联：高价产品搭配低价产品

价格型关联就是根据产品的价格特征，把不同的商品以不同的价格组合形式展示在消费者面前，达到最佳的效果，从而促进消费者购买。

2.28.1 商品定价方法

很多电商人员刚开始做淘宝店的时候会为了定价而烦恼，那到底该如何给商品定价呢？

相信大家都很清楚一点：如果价格定得太低，就没有利润；反之，如果价格定得太高，就会损失客户。利润选择和客户选择真的是一种微妙的平衡关系。一种有效的方法就是高价产品搭配低价产品进行捆绑式销售。

下面就为大家介绍一个苏宁易购的成功电商案例。

在你的主要产品旁边，加上一个“诱饵式”方案或是产品，让买家能够更好地做比较，让他们觉得赚到了。下面我们举例说明，如图 2-19 所示，·件裸机的价格为 5588 元。但是，当你换一种搭配方法，换一种风格，就会产生非比寻常的效果。如图 2-20 所示，“裸机+送流量还是 5588 元”。

如果父母要给刚考上大学并且考得不错的子女买手机的话，你觉得他们的父母会给他们买哪个？

可是天下哪有白占的便宜？很显然，苏宁易购用增值业务的合作去拓展线上的销售额，手机的销售量可以提升，同时运营商也能得到客户，甚至还会给苏宁易购部分的补贴。

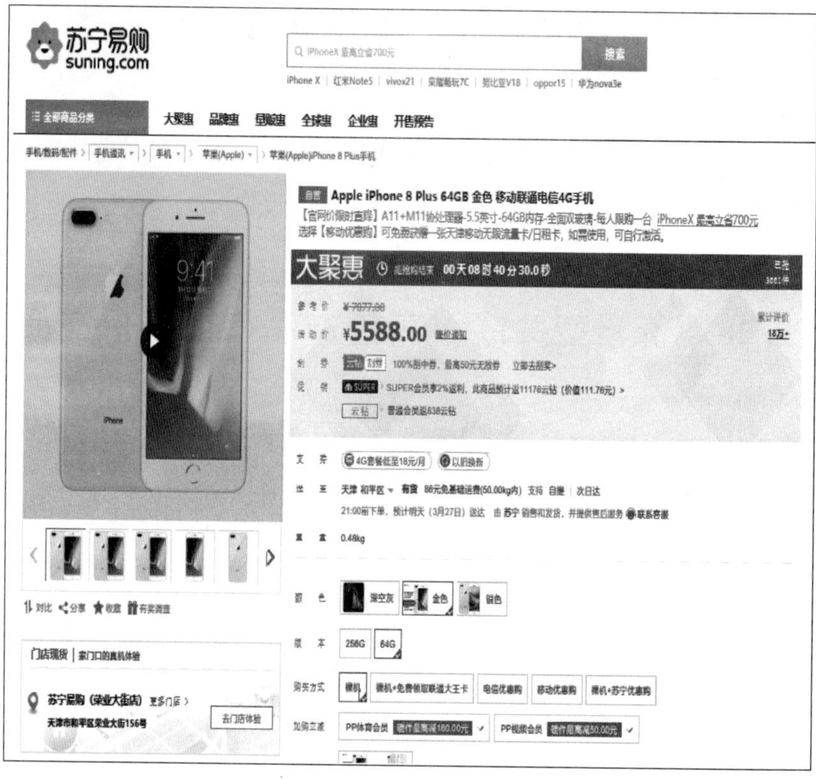

图 2-19　裸机价格 5588 元

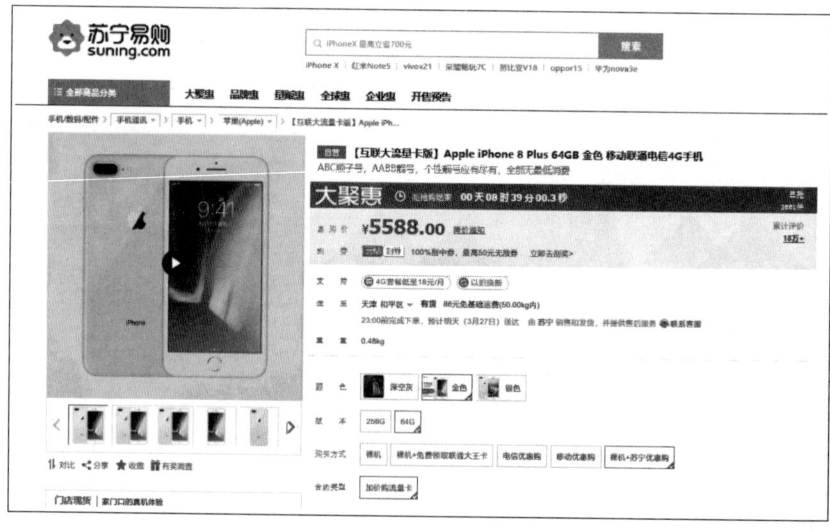

图 2-20　裸机+送流量还是 5588 元

这样的做法真可谓是一石三鸟。所以，作为一名优秀的电商人员，你必须学会价格型关联标题拟写法。

2.28.2 创作价格关联型标题常用方法

下面就为大家具体讲解一下创作价格关联型标题的常用方法。

（1）诱饵式定价：为顾客提供多种产品的价格组合，使其中的某两项组合比较能够达到顾客的满意度。

（2）对比效应：通过其他商品的高价格凸显你的商品的经济实惠。

（3）品牌提升：要主打产品的品牌效果，同时要提升自己网店的名气，使自己的网店能够成为引领时尚的品牌店，这样顾客才愿意来店购物。

但是也请记得不要操之过急，花点时间观察分析顾客的消费心理，相信大家一定会很有收获！

2.29 数据型关联：通过买家购买记录和浏览痕迹分析

数据型关联就是通过对买家的购买记录和浏览痕迹进行分析，从而了解到此买家的真实需求。

2.29.1 数据型关联方法

作为卖家，你只要知道买家的 ID，在自己的后台交易记录就能找到他，而且能很清楚地了解到该买家的购买记录和浏览商品信息的痕迹。通过对这些数据进行分析，你就能知道买家购买某种商品的频次以及消费水平和能力。而且最重要的是，你通过对大量进入你的店铺的买家的消费信息进行汇总，就会得知消费者对你的产品的喜爱程度，及对某种类型、款式的喜爱程度。

通过对这些数据的综合分析，你可以更有针对性地调整自己的货物种类，使得你的产品更能获得消费者的青睐，促进你的产品的销售。

2.29.2 查看淘宝用户数据方法

下面详细介绍一下，淘宝上卖家应如何查看买家的购买记录和浏览信息。

通过旺旺，卖家可以直接看到买家之前购买过什么产品及评价内容。查询方法如下：

（1）在旺旺聊天界面右侧找到这个客户的信息，可以看到如图 2-21 所示的信息。

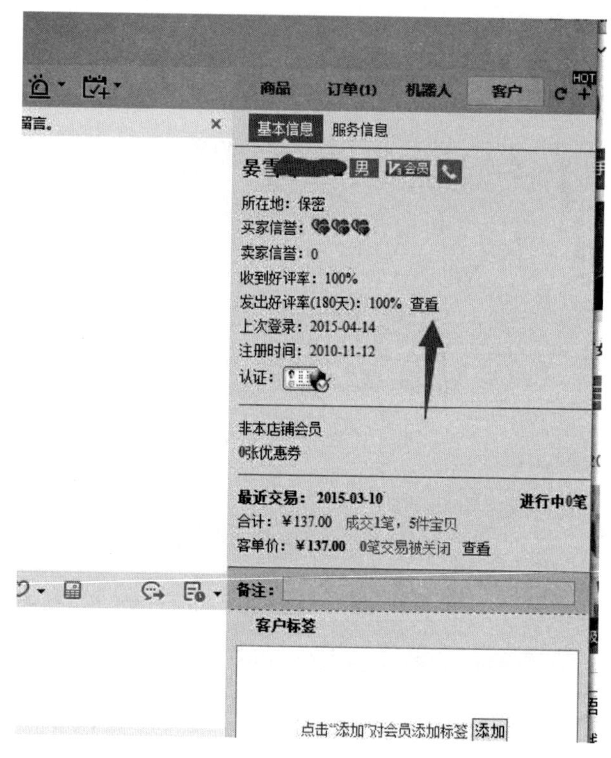

图 2-21 卖家查看买家基本信息

（2）单击图 2-21 中箭头所指“查看”会出现如图 2-22 所示界面，卖家根据需求可以详细查看。

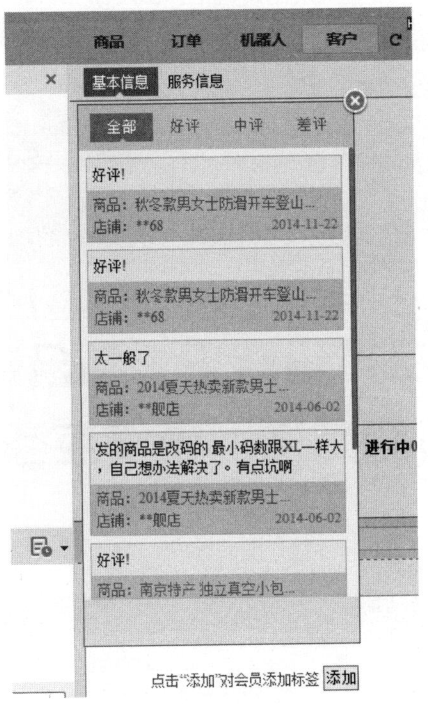

图 2-22　卖家查看买家的具体评论信息

方法简单易操作，不过需要提醒卖家的是，要遵守基本的职业道德，不能因为私利而把买家的私人信息随便分享或发送给其他人。否则，你不仅侵犯了别人的隐私权，同时还会导致社会秩序的混乱。

第 3 章

产品介绍转化：结合多种介绍方法，做卖点引导

本章将会为大家介绍一种新的转化方法——产品介绍转化法。顾名思义，产品介绍转化，就是通过对产品进行多角度、全方位、多层次的介绍，使消费者对你的产品有一个较为综合、全面的了解，在了解的基础上，进一步对你的产品产生购买的渴望。

产品介绍转化大致有 11 种方法，分别是九宫格法、要点拆解法、亲身感受法、产地优势法、时间优势法、售后服务法、三段式法、数据法、差异法、附加价值法以及清晰说明法。

每一种方法都有独特的优势，同时也需因时制宜、因地制宜、因事制宜，具体问题具体分析，做到灵活运用、对症下药，这样才能成为一名优秀的电商人员，促进产品的销售，最终赚取大量利润。

3.1 九宫格法：1 款产品，找 8 个优点

九宫格法是一种有助于开发销售人员扩散性思维的一种销售方法。

3.1.1 什么是九宫格法

九宫格法的具体操作方法是利用一张九宫格图（见图 3-1），将所宣传的主题写在中央，然后把由主题所引发的各种想法或联想写在其余格内。

主题就是你的产品的核心性能。然后由你的产品主题向相关的 8 个方向去思考，想出 8 种不同的创见。

按照九宫格法这种思维方式，能够迅速进行观点的发挥与扩散，进而形成更好的想法，从而使自己的策略更加完美。

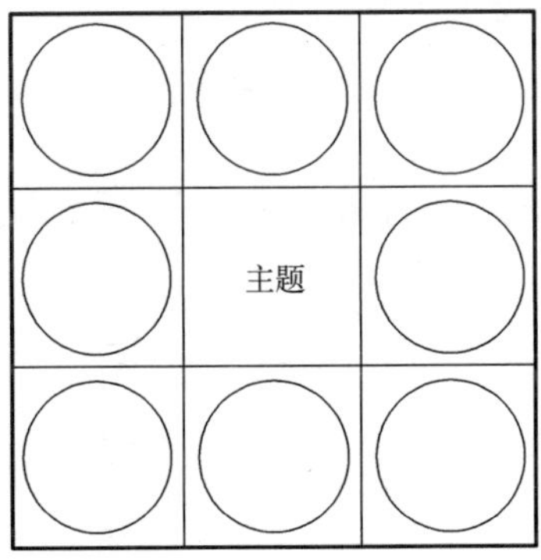

图 3-1　九宫格图

电商人员要善于利用九宫格法。对电商人员来讲，九宫格法是极其容易操作的一种方法。它就是以产品为核心，围绕此产品，描述出它的 8 个优点，使产品更加多元、立体地展现在消费者面前。

ZONE FIVE 是淘宝上一家卖衣服的商城。此店面的电商销售员工做事总是很全面、很细致，对于自己的产品介绍更是上心，做得也是无可挑剔。此员工很会利用九宫格法来介绍自己的产品。通过她对自家产品写的标题就可以一窥她的九宫格思维方式。其产品介绍信息为“驼色、双面绒、羊毛、2017 新款、喇叭袖、中长款、收腰、反季、大衣女”，如图 3-2 所示。

其实如果不另加分析，你可能会觉得她只是在用一系列的词汇进行叠加说明，但仔细分析你会发现，每一个用词都突出了产品的一个优势。

图 3-2　巧用九宫格法介绍羊绒大衣

接下来，我就做一个具体分析。大衣女是主题，驼色是特色，双面绒显示产品质优，羊毛显示出天然状态，2017 新款突出款式新颖，喇叭袖突出了形式美，中长款又进一步锁定人群，收腰显瘦突出产品的性能，反季则有利于促销。正是通过这样的方式，她把这件产品的综合特征淋漓尽致地展现给了消费者，使她们怦然心动，产生购买的欲望。

3.1.2　九宫格法标题创作步骤

下面具体分析一下，九宫格法标题的创作步骤。

第一步，明确产品主题词汇。每一个产品都有自己的主要优势。例如，你要卖一束鲜花，那么鲜花的主题词就是新鲜。

第二步，运用发散思维，从 8 个角度阐释产品的优势。还是以鲜花为例，你可以从 8 个角度来阐释你的鲜花。例如，色泽亮丽、气味纷芳、装扮房间、象征爱情、漂亮养眼、凸显气质、价格实惠、令人心怡等。看到这些词语的描绘，人们定会争相购买。

第三步，角度一定要多元，不能重复，否则会显得产品过于乏味。语言是要讲究艺术与逻辑的，如果你只会讲鲜花美丽漂亮而没有其他词汇进行展示，那么你的产品很难销售得很好！

3.2 要点拆解法：根据商品特点，对每个点做扩展

要点拆解法就是要在宏观把握商品特点的基础上，细致理解商品的每一个优势，并对优势进行扩展式解读。整体上来讲，这有点类似于化整为零的思维方式。

3.2.1 要点拆解法的好处

消费者对于一个陌生的商品刚开始是一种零认知。电商人员如果想要通过自己的产品介绍使消费者买下自己的商品，就必须学会要点拆解法，通过化整为零的方法，使消费者一点点地理解你的商品，最终认同并购买你的商品。

小新是在京东商城销售计算机的电商人员，其产品介绍非常细致入微，能够使一个外行轻松了解计算机的基本属性，以及如何才能挑选到合适而心仪的计算机。首先他从处理器、硬盘容量、显卡、系统等角度对产品做了综合性的介绍，如图 3-3 所示。

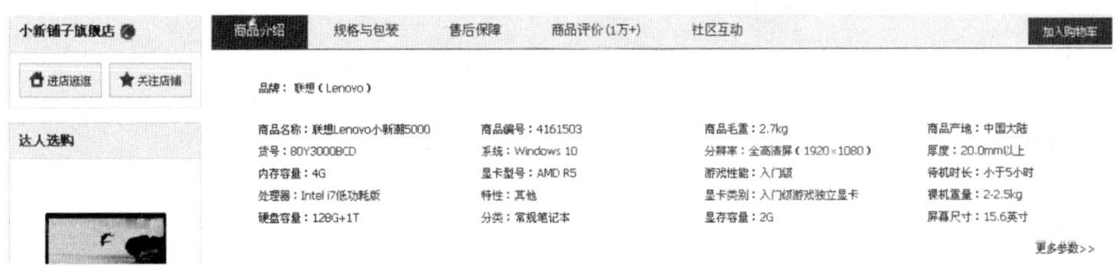

图 3-3 小新铺子旗舰店对联想计算机的综合性介绍

此家网上店铺的常规介绍对于一个刚刚接触到计算机的消费者来讲是一个比较综合的展示，只是提到了一些要点，但并没有真正地进行分析，随后他就用化整为零的方法，一个个地对产品的核心性能做介绍。如图 3-4 所示，他接着对计算机的处理器和硬盘进行了比较详细的解释说明，这对于一个刚接触到计算机的消费者来讲是极其有益的。

图 3-4　小新铺子旗舰店对计算机进行化整为零式的说明

正是通过这样的方式，一个要点又一个要点地进行解释说明，最终他的介绍征服了消费者，实现了计算机销售量的遥遥领先。

3.2.2　要点拆解法操作步骤

接下来，具体分析一下要点拆解法的操作步骤。

第一步，要立足整体，全面把握商品的综合信息。

第二步，化整为零，要点分解，对商品的核心属性做详细的介绍说明。

第三步，图文配合，做到有图有真相，在图的配合下，详细介绍产品的优势，最终促使消费者选择购买你的商品。

希望以上步骤或方法，能够帮助你在电商的经营中更上一层楼！

3.3 亲身感受法：这个产品我用过哦

日常生活中，我们经常会听到这样一句话：只有你亲身体会过了，你才能懂得这件事的真正意义。亲身感受法其实就是现身说法，通过自己的亲身感悟向欲说服对象说明某事或阐明某些道理。亲身感受法的好处在于能够以己为例，使说服对象更加相信，从而采纳你的建议。

3.3.1 亲身感受法的好处

电商人员利用亲身感受法，能够使商品销量更大，销路更广！

鑫缘坊化妆品批发是淘宝上的一家商铺，其主营产品是女性护肤品。此店铺的工作人员便很善于运用亲身感受法。她们在进行宣传介绍、推广销售时总爱附加一句"效果不错哦！亲身体验！"（见图 3-5）。虽然只是简简单单的一句话，但是却起到了非同寻常的效果，此家店铺的产品也得到了热卖。

3.3.2 运用亲身感受法注意事项

接下来，就向大家具体分析一下，运用亲身感受法的注意事项。

第一，亲身感受法必须真实有效，不能随意编造虚假消息来故意突出产品的效果。倘若你的产品没有你所说的效果，而你又勉强说亲身体验效果奇佳，那么最终砸的还是自家的招牌。

图 3-5　利用亲身感受法成功销售商品

第二，运用亲身感受法时，最好附加自己使用产品后的真实对比，以及自我的真实心理感受。

第三，亲身感受法适用于减肥产品、保健品、护肤品等商品。不可以所有的商品都用亲身感受法，否则会有“王婆卖瓜，自卖自夸”的嫌疑。

第四，当利用亲身感受法，附以图片说明时，图片必须保证清晰，不能上传一些令人作呕的图片，否则会倒人胃口，甚至起到反作用。

3.4　产地优势法：原汁原味的灵芝

原产地影响消费者对产品、对品牌的评价，进而影响购买倾向，我们称这种现象为“原产地效应”。比如我们常常讲到的新疆的核桃、长白山的灵芝、新郑的大枣、法国的红葡萄酒、地中海的时令鲜花等。当我们购买这些产地的这些商品时，便会觉得很放心，这便是“原产地效应”在发挥作用。

3.4.1　什么是产地优势法

所谓产地优势法，就是利用“原产地效应”抓住消费者的心，从而实现产品的最终销售。

荣老头旗舰店是一家专营灵芝的淘宝店铺。此店铺的电商人员善于利用原产地优势对灵芝进行独特的介绍。他们在对灵芝进行说明的时候，注有“长白山原产地”的说明（见图3-6），保证灵芝的原汁原味。最终，此家店面的灵芝也是卖得异常火热。

图3-6　原汁原味的灵芝

3.4.2　原产地效应的影响因素

接下来，我们具体分析一下原产地效应的影响因素。

首先是原产地因素，包括原产地的个性特征和原产地品牌这两个方面。原产地的个性特征是指某些个性鲜明的特征使消费者容易与产品相联系，直接与特定的文化和代表产品挂钩，相互作用，从而对原产地效应也会产生影响。原产地品牌主要是指品牌信誉。

其次是产品因素，主要是指产品的属性，即产品自身的功能、价格、外观。

最后是消费者因素，在利用原产地效应进行营销时要综合考虑消费者方面的因素，因为消费者因素内容比较多，而且主观因素也较多，使用时必须具体情况具体分析。

综上所述，当你要利用产地优势法进行商品介绍时，必须对商品信息、原产地信息以及消费者信息进行全方位的了解，做到了然于胸，这样在网上销售时才能够游刃有余、得心应手。

3.5 时间优势法：绝对新鲜，绝对快速

时间就是金钱，时间就是生命。在物流业、快递业如此发达的今天，抓住了时间，就是抓住了商机，就是抓住了利润，就是抓住了金钱。

时间优势法就是用最快的速度、最短的时间，把最及时最新鲜的产品送到消费者手中。如果能这样及时而且还物美价廉，那么必然会赢得消费者的信任。

京东自营和每日优鲜是时间优势法的典型案例。

京东的特点就是下单快，商品到达手中的时间也快。选择京东自营的商品更是如此。当天晚上 10 点前下单，第二天就必然到达（见图 3-7），可谓神速。正是由于京东自营抓住了时间，方便了消费者，所以备受消费者青睐。

每日优鲜，也是最近兴起的一家网上商城。它是一个围绕着老百姓餐桌的生鲜创建的 O2O 电商平台，覆盖了水果蔬菜、海鲜肉禽、牛奶零食等全品类。每日优鲜在主要城市建立起“城市分选中心 + 社区配送中心”的极速达冷链物流体系，为用户提供全球生鲜产品“2 小时送货上门”的极速达冷链配送服务。

每日优鲜也是贵在神速，当时下单，2 小时送货上门。这极大地减少了我们逛商场、超市的时间，使人们可以把更多的时间放在更加有意义、有趣的事情上。

图 3-7　京东自营 23:00 前下单，预计明天到达

综上所述，无论是一个电商人员还是整个电商行业，都应该视时间为生命，充分利用现在社会的物流手段方便老百姓的生活，这样电商行业才会越走越远，越走越宽广。

3.6　售后服务法：三年保修

在购买一件商品之后，如果出现问题要寻求售后服务。现在售后服务越来越普遍，售后服务职责的重要性也日益凸显，售后服务可以指导用户如何使用产品，并告知其注意事项。要想成为一名优秀的电商人员，就要学习一些专业的售后服务知识，这会对你的电商经营加分很多。

萧寿，是一名淘宝电商，主要销售家电。他在消费者那里获得了超高的人气主要是因为他的售后服务非常到位。而且他这个人非常信守承诺，视自己的名誉如天。他在自家的淘宝店面上注有“三年保修”的字样，而且他也一丝不苟兢兢业业地兑现了自己的承诺。

3.6.1 电商售后服务职责

接下来，具体分析一下电商人员在售后服务这一项工作中应履行的职责和应注意的事项。

首先，谈一谈电商人员售后服务的职责，具体内容如下：

（1）收集与客户有关的信息资料，并进行存档备案，只有这样才能够做到知己知彼、有备无患。

（2）自己对产品的功能有充分的了解，然后能够指导用户，向用户详细地介绍产品的使用方法及注意事项等。

（3）与客户交流时，应热情、细心了解客户的需求，最好能够提出解决问题的方法。

（4）当你接到客户的售后服务需求电话后，要及时做好信息登记工作，其中包括对方的详细联系人、联系方式，并及时为客户做好售后服务工作。如果你对客户的售后电话不理不睬，很有可能获得客户的差评，到时候再处理售后服务已经为时已晚。所以，一旦接到客户的售后申请或者售后电话，应第一时间仔细分析产品问题并提供参考解决方案。

（5）每一次的售后服务，都要有详细的记录，记录也必须按时存档。只有这样，才能够做到售后服务的井井有条。

3.6.2 电商售后服务注意事项

下面再具体谈一谈电商人员进行售后服务时的注意事项。

（1）首先要树立正确的售后服务观念。服务观念不是作秀，而是长期培养的一种个人的魅力。销售人员应该建立一种“为顾客服务”的观念。只有问心无愧地做好售后服务，才能获得相应的回报。

（2）你的服务应该超过用户的心理预期，同时比竞争对手做得多一点。

（3）做售后也要不断创新。售后服务和研发产品一样，都要勇于创新。

（4）保持良好的心态。要想做好售后就必须保持良好的心情接听每一个电话，不要因为生活中不愉快的事而影响工作情绪。同时，要做到急用户之所急、想用户之所想，并用良好的服务态度来赢得客户的信任。

最后，希望作为电商人员的你能够谨记售后的职责与注意事项，秉持全心全意为消费者服务的态度，活学活用售后服务的相关知识，为电商事业锦上添花！

3.7 三段式法：总讲+分讲+总括

三段式法也是在做产品介绍时经常使用的方法。所谓三段式就是在对产品进行介绍时用“先总讲再分讲最后总括”的方式对商品进行前后呼应、有条不紊的逻辑式说明。

3.7.1 三段式法的转化思路

三段式法比较好学，有点儿类似小学生写作文，只要你掌握了一般的思路，最终就能把一种产品介绍得井井有条，让消费者牢记于心，从而产生购买你的产品的欲望。

好想你禧枣堂是一家专营大枣的淘宝店面。该店的主营产品是新郑大枣。店主在对产品进行介绍时，就很喜欢用三段式法进行说明，而且也取得了很理想的效果。

他首先对自家新郑大枣做了一个总体特征说明——皮薄肉厚核小，如图 3-8 所示。紧接着他又用图文分别展示这三方面的特征，如图 3-9 所示。最后，他又做了一个总体的特征描述。这样的文字介绍与图文配合能够使消费者更加印象深刻，而且能够对产品的独特性有更深刻的印象。

3.7.2 三段式法的优点及注意事项

接下来，就具体分析一下三段式法的优点与注意事项。

图 3-8　新郑大枣皮薄肉厚核小

图 3-9　展示新郑大枣皮薄肉厚核小特征的细节图

首先，三段式法的总分总模式能够使消费者从整体上对产品印象深刻，同时特征的分开描述又能够突出产品的独特性，可谓一举两得。

其次，三段式的介绍方法，适用于一些日常生活用品，面向的群众一般是知识水平较低的人群。对于一些高档奢侈品，用这样的方法会显得累赘，对于创意性产品，这样的方法又会显得太没创意。对于高端知识分子来讲，他们更喜欢的还是那种独具一格的产品展示。所以三段式法的使用必须与产品属性相结合，与产品面向的人群相结合，不能盲目使用，否则会适得其反。

最后，三段式法的介绍，必须配合精美的插图，来凸显产品特性。

总之，希望电商人员能适时使用三段式法来更好地营销产品，使生意越做越红火。

3.8 数据法：拿出真实数据

在电商数据化时代的今天，更精准的数据分析能帮助电商人员更加目标明确地大步向前。

销售是什么？是基于数据的决策体系。不论你是实体营销人员还是电商人员，在信息时代的潮流下，不妨也“用数据说回话”。所谓数据法，就是电商人员依靠大数据进行分析，以便能够更好地将自身的产品、服务提供给消费者。通过数据分析，电商人员能够把生意做得更好。

3.8.1 重视数据的重要性

时下，无论是实体销售，还是网上销售，生意都不好做。实体销售在网购的打压下苦不堪言，网上销售则陷入了低价促销的恶性循环中。但其实大可不必这样做，销售是由数据推动的，市场的赢利点隐藏在数据中，只要能够发掘出隐藏的数据信息，并向消费者展示对他们有利的数据，必然会促进产品热销。

重视数据分析，会收效更快。有时，优秀的电商人员仅通过流量分析，就能为百货店提供畅销商品名录、特定群体偏好、最佳促销时机等信息，使其销售额比同行增长 5%。

小吴是一名电商人员，他的主营业务是时令产品。他很懂网络营销技巧，销售量在行业内遥遥领先。归根到底，是由于小吴爱用数据说话。他总是能通过数据来发掘出自己想要的产品信息，并能够把数据真实地展现在消费者面前。

如图 3-10 所示，中秋节前夕，小吴通过网络数据汇总，了解到在细分类目中，月饼的占比只有 5.16%，判断出大众对月饼的期盼程度并不是特别高，而是对糕点的喜爱居高不下。

分类: 所有类目>汇吃美食>零食/坚果/特产>糕点/点心

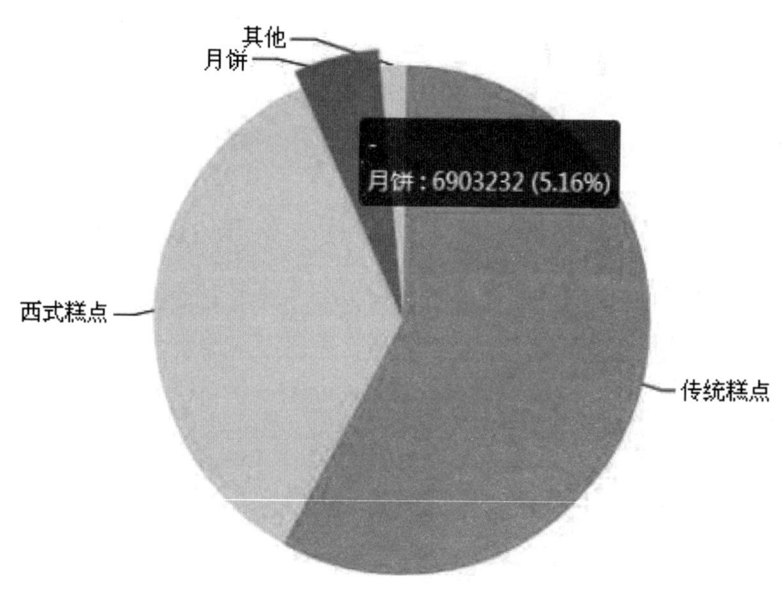

图 3-10　某年中秋节前夕月饼的市场占比

但他认为，虽然月饼的占比小，但挡不住淘宝的基数大。所以就算占比少，中秋前夕的月饼市场，还是大有可为的。

同时，他还选择那些包装新颖、款式新鲜的月饼在店铺进行展示，最终赢得了热销。

3.8.2　利用数据说话建议

接下来，为大家提出一些利用数据说话的建议。电商经营者应该对浏览量、点击率、单品冠军这些数据十分敏感，甚至气温、社会热点事件这些信息中隐藏的数据也要去挖掘，或许它们就会对当天的销售额产生影响。

综上所述，通过数据分析来寻找相关联或相对应的数据，电商人员可以有效地掌握消费者在网络上的购买趋势，帮助电商快速选择要推出的产品，找到产品需求的最大化空间。

3.9　差异法：价高比质量，价低比实惠

所谓差异法，就是要与众不同。电商人员应努力做到自己的商品是“人无我有，人有我优，人优我廉，人廉我专”。

3.9.1　靠质量赢得客户心

消费者在网上购物时更是精挑细选，过去讲究货比三家，如今都是货比十家。消费者最终图的是物美价廉。电商人员必须时时关注同行信息，关注他们的产品报价、产品质量以及产品营销套路。只有做到知己知彼，方能在电商圈内做到风生水起。

查小舒是一个满脑子生意经的电商女孩，她总是能想得与众不同，做到高人一筹，因此她的产品销量在同行中遥遥领先。

同样是在网上卖棉衣，她的商品和别人的商品看上去差不多，但她在进行产品介绍时强调自己的产品质量更高，绝对不会欺骗顾客，而且打出“假一赔十”的口号。这样她的产品就以质优取胜。同样是在网上卖袜子，别人 10 元 3 双，她就 10 元 3 双另赠一双鞋垫。这样她便又可通过价廉取胜。

3.9.2　运用差异法注意事项

下面为大家分析一下运用差异法时的注意事项。

首先，自己的产品质量要有保证，不能存在坑骗消费者的现象。

其次，要树立大局观，根据同行情况选取合适的差异化战略。当同行普遍降价追求薄利多销时，你可以突出自家产品的质量优异，微微涨价。毕竟一分价格一分货，过于低价的商品，一般消费者不会轻易购买。当同行们都在强调自家产品质量高时，你可以在打出同质的基础上实施低价促销战略。总之是要做到与众不同、出奇制胜。

最后，必须紧跟市场动态、紧抓市场行情，紧紧把握消费者的最新需求。只有掌握了最新的需求信息，你才会选择最令消费者满意的产品销售。这样才能做到人无我有，达到出奇制胜的效果。

3.10 附加价值：您买的是尊贵，不只是产品

产品附加价值是指附加在产品原有价值上所创造的新价值。理论上讲，附加价值应当能够造成产品的差异性。高附加值产品是指投入产出比较高的产品，其技术含量、文化价值等，比一般产品要高出很多，因而市场升值幅度大，可获取高额利润。

3.10.1 附加价值比价值更重要

一个电商人员可能通过某些方式增加一种产品的价值，如通过对产品的介绍陈述或者包装，又或者通过提供某种售后服务等。在消费者对某种产品或者服务了解不是很多的情况下，一个电商的商誉或者形象本身可能就足以构成一种附加价值。附加价值的存在可能使电商人员只需要提供少量的产品或服务便可获取较多的利润。

肖波是一名电商人员，他的主营业务是在淘宝上进行汽车膜的销售。他经营有道，业务娴熟，销量大且稳定，主要是因为他懂得提升产品的附加价值。

他在为汽车膜产品做介绍时写道：您买的是尊贵，不只是产品；您买的不只是尊贵，还有安全。他通过这样的描述直接为产品提高了两个档次，提升了两项

附加值。一是产品带来的身份尊贵感，二是产品性能过关，质量有保证。

同时他还用对比的介绍方法突出劣质汽车膜的危害，具体如下：

（1）劣质汽车膜反光太严重，会干扰视线，形成安全隐患。

（2）劣质汽车膜厚度不够，如果出现车祸，会使车玻璃飞溅，导致身体伤害。

（3）劣质汽车膜清晰度低，会使驾驶员头晕目眩，如果反应不及时，会导致车祸发生。

（4）劣质汽车膜往往残存化学物质，如果残留物质挥发，会危害人体健康。

（5）劣质汽车膜很容易引致玻璃爆裂。劣质汽车膜质量差，长期经受热胀冷缩，最终会导致玻璃爆裂。

通过提升自家产品价值，陈述劣质产品危害的方法，他家的产品销售可谓风风火火。

3.10.2　提升产品附加价值的途径

接下来，为大家分析一下，电商人员提升产品附加价值的途径：

（1）突出介绍技术含量高的产品，如采用新材料、新工艺开发的产品。

（2）突出介绍符合社会发展的产品以及满足市场消费时尚和消费心理的产品。

（3）突出介绍与名人、名地、名牌相关的产品。

（4）突出介绍设计感强的产品。

（5）突出介绍环保产品等。

3.11　明确说明：淘宝禁止发布混淆信息

发布混淆信息是指会员发布容易造成消费者混淆的信息的行为。若会员发布混淆信息，淘宝网将对相关信息进行删除。

3.11.1 淘宝网“发布混淆信息”规则

为了维护淘宝网健康的市场秩序，避免消费者由于意向商品和其他商品“混淆”带来的损失，切实保障消费者利益，《淘宝规则》增加“发布混淆信息”的规则。同时，淘宝网将按照该规则对“发布混淆信息”的会员进行如下处理：

（1）会员发布混淆信息的，每次扣 2 分。

（2）会员发布混淆信息情节严重的，每次扣 24 分。

（3）会员发布混淆信息情节特别严重的，视为严重违规行为，每次扣 48 分。

同时，淘宝网将视情节严重程度采取限制发布商品、限制网站登录、交易账期延长、店铺监管等管控措施。

3.11.2 混淆信息界定及判定规则

卖家怎么知道自己发布的消息是否违规呢？淘宝网又是如何去判断认定的呢？下面就为大家介绍一些常见的发布混淆信息的方式，以及淘宝网判定混淆信息的手段。

首先，为大家介绍一些常见的混淆消息的案例。

（1）因品牌信息造成混淆。

（2）使用品牌的变形词或衍生词来描述商品，包含但不限于错别字、拼音、特殊符号等，且带来了消费者的退款、举报等不良后果。

还记得那年一起食用过的山寨商品吗？我们一起来见证下，如图 3-11 所示。

其次，为大家分析淘宝网判定发布混淆信息的手段。淘宝网一般通过人工排查或系统排查的方式抓取目标品牌和商品，同时从品牌 Logo 图片、商品图片、流量行为、评价数据、售后数据等多个维度对异常的品牌、商品数据进行核查判断，并根据消费者的相关反馈或大众评审对特定品牌或商品是否构成混淆的判断结论来确定该品牌或商品是否构成消费者混淆。

图 3-11　混淆案例：旺仔牛奶 VS 旺子牛奶

综上所述，作为一名合格的电商人员，要学会知法懂法守法爱法，学会利用法律武器维护自身的利益，同时提醒消费者注意网络上的陷阱，防止自身利益受到侵害。这样做不仅可以打压发布混淆信息者的恶劣行径，还可以为自己的产品正名，提高自己产品的声誉，同时也能切实维护消费者的利益，可谓一举三得。

第 4 章

产品展示转化：突出亮点，塑造权威

产品展示转化是指有策略地突出产品的优势性能，突出产品的使用价值，以及你的服务与承诺，从而使消费者从外到内全方位地了解产品信息，做到心中有数。如果你的立体性介绍非常完美，那么你的产品销售将会节节攀升。

权威就是对权力的一种自愿的服从和支持，同时权威被认为是一种正当的权力，也可以说是极具公众影响力的威望。

所谓塑造产品权威，就是塑造你的产品的公众影响力，使产品能够被大众广泛地服从与支持，从而赢得广大消费者的信任，促进产品快速销售。

本章就为大家重点讲解产品展示转化的方法，使大家能够突出产品的亮点，塑造产品的权威，并且能策略性展示商品卖点。

4.1　直播展示：更立体、全方位地展现宝贝卖点

淘宝直播是一个新的流量渠道，通过这样一种形式可以更加立体、全方位地展现宝贝的卖点，从而让宝贝在极短的时间内获得更多的曝光机会。直播推广可

让本来不太好卖的宝贝变得好卖，让本来好卖的宝贝变得更加好卖。

4.1.1 直播可自带“粉丝”

“粉丝经济”爆火，且直播已蔚然成风，探究其背后的原因主要是线上流量都太贵。自带“粉丝”且具有极强变现能力的网红，搭配淘宝直播这一巨大的流量广场，是商家以最低花费获得最大流量的最佳方式。

现如今，淘宝直播，在“边看边买”技术的帮助下，对品牌实现营销、提升销量和转化有较大的帮助。典型案例如下：

（1）男神奶爸吴尊为其所代言的奶粉品牌直播 1 小时，瞬间就实现 120 万元的销量。

（2）柳岩直播 5 分钟，其直播间就涌进 1 万人。

……

目前，淘宝直播将直播内容更加细分化和垂直化，继而推出美食、母婴、美妆、潮搭、运动健身等栏目。在觉察到这一变化后，很多商家和营销团队在很短时间内成立直播团队，并且成功上线有关美食、搭配等节目，以此建立在社交、图文、直播等全渠道的营销平台。

4.1.2 哪些产品可通过直播方式变得好卖

下面我就为大家讲讲通过直播方式使其在淘宝中变得好卖的商品，如图 4-1 所示。

第一类是重视过程消费的商品。在过去，我们为“结果”消费，吃鸡蛋不会关心下蛋的母鸡。现在我们越来越关注“过程”，吃鸡蛋之前，我们想了解鸡的生活环境与健康问题。在餐厅吃饭，越来越关心食物的烹饪过程，关心厨房的卫生状况。而以上所有的过程，我们都可以通过直播的方式来了解。通过直播观看餐厅后厨操作，顾客在监督食品安全的同时还能了解食品烹饪过程，这样顾客吃得既放心，又具有趣味性。

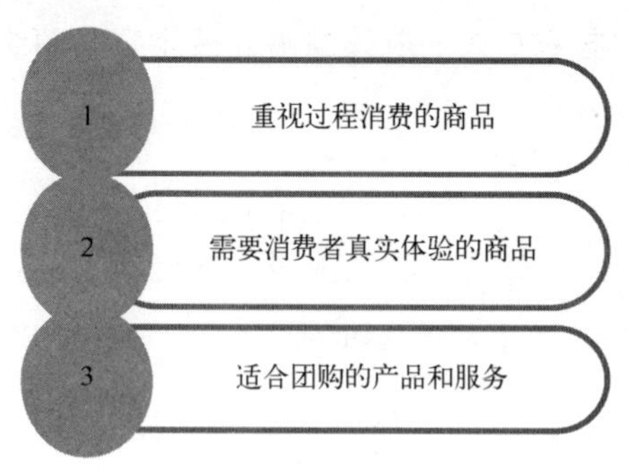

图 4-1　通过直播在淘宝中变得好卖的商品

第二类是需要消费者真实体验的商品。服装、美妆等非标品，都是天然适合直播的。比如化妆品，如果只是简单地告诉你产品的好处，顾客只能听到你说，并不能直观地看到、体验到你说的好处，那么转化率也不会很高。通过直播，主播一点点展示，渐渐从素颜到化好妆，对比展示效果，让观众看到你说的好处，从而激发观众购买的欲望。

第三类是适合团购的产品和服务。直播电商就是一种新形态的团购，它聚集在一起之后，向群体售卖某一款或者几款产品。因此，过去在团购尤其是限时团购中表现较好的产品和服务，非常适合做电商直播。

4.2　VR 展示：黑科技让产品画面超带感

在虚拟网络中上学、社交、游戏、寻宝、经商……科幻作家大开脑洞为人类勾勒的生活愿景，随着 VR 的应用越来越逼近现实。

4.2.1　什么是 VR 展示

什么是 VR 展示？说直白点，就是商家利用 VR 技术，使消费者能够足不出户，只需戴上 VR 眼镜，在家里登录各大商品网站，就能身临其境地观察到产品的真实形态。不光只有视觉，还有听觉和触觉，戴上眼镜身临其境，直接用手就可以感受到产品，还可以与模特互动，完全还原现实场景。这样消费者不用再看枯燥的详情页和文字，就能够更加充分地享受购物的乐趣。

神秘又真实的 VR 技术在电子商务时代，又能为电商经营者带来哪些劲爆的效果呢？

在现在，VR 黑科技带领我们不断超越传统商店的界限，进入全新的购物王国。对于热衷于“买买买”的女性来说，“所见即可得，不再是传说”，简直就是全球商品买买买。

丰富的 VR 商品库还可以直接降低网络购物的退货率，提高实体店购物的购买效率。比如在选择一款沙发的时候，你再也不用因为不太确定沙发的尺寸而纠结。戴上 VR 眼镜，直接将这款沙发放在家里，尺寸颜色是否合适，一目了然。又比如，利用带有动作捕捉的 VR 设备，你眼前的香蕉、书籍在 VR 设备中可以化身为架子鼓，利用这种互动形式，让你在购买商品的过程中拥有更多体验。除此之外，VR 产品视频里还有一个有意思的场景。比如，男士给女朋友买内衣的时候再也不用如此尴尬，可直接查看内衣详情。

4.2.2 利用 VR 展示技巧及挑战

下面为大家介绍一个利用 VR 展示大获成功的案例。

2016 年，eBay 与零售商 Myer 合作在 iOS 和 Android 平台推出了“eBay 的 VR 现实百货”应用。进入 VR 商店的你，只需张开眼睛，虚拟商城便会将产品以 3D 效果展示给你。

这就是说，通过 VR 技术可以 100%还原真实场景。再讲得通俗易懂些，那就是你身在广州的家中，戴上 VR 眼镜，进入 VR 版淘宝，可以选择去逛纽约第五大道，也可以选择逛英国复古集市。VR 技术可以让你身临其境地购物，去全世界买买买。

“eBay 的 VR 现实百货”应用，最终大获全胜。它正是利用 VR 黑科技吸引消费者关注的目光，同时赋予他们身临其境的购物体验达到了产品的立体转化效果，从而促使产品热销。

那么 VR 展示又存在哪些现有的挑战呢？

将 VR 技术应用于购物领域，最大的挑战是如何快速地把淘宝 10 亿商品在虚拟环境中 1:1 复原。为了解决这个问题，阿里推出了造物神计划。这个生态系统的互联网体验，可能超出我们的想象，现在还只能脑洞大开地构思，相信在不久的将来，这个如科幻大片般的系统很可能成为现实。

综上所述，电商经营者们，应当积极抓住机遇，迎着时代的潮流，积极利用 VR 技术，来展示你们的商品，为商品的热卖添上一对高科技的翅膀！

4.3　3D 展示：让产品展示效果更炫

数字化信息时代到来，网络购物已经慢慢融入人们的日常生活，电子商务也在近几年内飞速发展。而目前由于人们对新潮物品的追求，传统的产品展示效果已经慢慢吸引不了人们的眼球，3D 展示技术应运而生！

4.3.1　3D 展示发展历程

3D 产品展示是 21 世纪网络营销的新选择，覆盖电商、摄影、IT 等各个领域，它或多或少地满足了广大消费者的需求——能够如实地观看到产品每个细节，大家最熟悉的太平洋、京东、淘宝，还有一些 B2B、B2C 的行业网站都开始运用 3D 产品展示。

很多商家借助 3D 技术的发展，在电子商务领域飞速发展。自 2009 年起，3D 展示技术打破了传统平面展示的弊端，与消费者积极进行互动，让消费者身临其境体验产品。目前应用的电商范围包括鞋类展示、电子产品展示、箱包展示、首饰化妆品展示、玩具展示、家具展示、服装展示等。

4.3.2　3D 效果展示产品的价值

下面我就为大家分析一下，在电商时代，3D 效果展示产品的价值。

首先，3D 展示能够带来震撼的视觉效果。3D 动画能够逼真地模拟现实产品，同时能够创造出正常的拍摄所无法实现的效果。无论是微小的事物还是庞大的物品，无论是真实空间还是想象空间，3D 动画都可以出色地表现。

其次，3D 展示能够极大地节约成本，提高效率。3D 产品能够使商品的效益与效果倍增，因为 3D 动画可以展现项目、产品的真实场景效果。而且只需要投入较少的时间和费用就可以看到成果。

再次，3D 展示具有清晰的、有效的说明效果。3D 动画技术可以迅速建造一个虚拟的环境，从而进一步地对现实世界中的复杂系统实现直观剖析。这已经成为解决问题的最快捷方式。

最后，3D 展示是一种极具个性化的产品展现方式。如今的时代，产品的同质化严重，同时传播的速度极快。对一个新产品而言，如果能够展现出“差异化”的效果，就意味着成功了一半。3D 技术带来了一个新的创作空间，能够以耳目一新的方法帮助我们塑造产品的差异化效果，最终促进我们的产品的营销。

综上所述，一方面电子商务新纪元的到来，极大地促进了 3D 技术的发展；另一方面，3D 技术的应用与发展又为电子商务的发展提供了技术支撑。倘若两者能够相得益彰，相信在不久的将来，电子商务会更加繁荣。

所以，作为一名优秀的电商人员，你应当积极地利用 3D 技术来展示你的商品，从而使你的商品更加酷炫，促进商品的进一步营销。

4.4 属性或功效：产品有哪些特点和属性

为了使顾客对你的产品有一个深刻的感知，作为一名电商人员，你必须细致入微地介绍产品的属性！所谓产品属性是指产品本身所固有的性质，是指此产品不同于其他产品的性质的集合。

产品属性还决定了消费者体验的心理属性。产品从属性上大致可以分为感性商品、理性商品和介于感性和理性之间的商品。而与之相应的不同顾客的心理属性也越来越多地成为电商营销成败的关键因素。

4.4.1 介绍产品属性的重要性

电商人员必须根据自身经营的商品属性来营造与目标顾客心理属性相一致的

体验，从而让自己的商品成为能与消费者产生共鸣的“生活同感型”产品。

下面我给大家分享一则成功的电商案例，来说明介绍产品属性的重要性。

京东商城有家专营飞科剃须刀的店面。店主工作起来，总是细致入微，一丝不苟。他总是要在网站上突出显示产品特有的属性，如图 4-2 所示。

图 4-2　全面展示飞科剃须刀的属性、功效

店主还把飞科的十大出众点，归结为一个核心属性词——智能。在智能化的时代，电商工作者就应该善于总结和归纳产品的核心属性，以此突出产品的独特性能。

飞科本来就是知名品牌，店主又对飞科的属性做了整理归纳，赢得了消费者的信任，从而他的剃须刀得到了大卖。

4.4.2　突出产品独特属性的方法

在这个年代，如果想通过电商走向成功，要么你的产品是独特的，要么你的产品是大量的（物美价廉）。而通过压缩成本实现促销并非长久之策，只能用在特有的活动、特有的时间和特定的情况。所以，电商成功的关键在于赋予产品独特的属性。

下面我就来分析一下，电商人员应如何突出产品的独特属性。

（1）从细节入手，分析产品在细节上的优质。

（2）归纳与整理，结合时代特征，给出一个比较大气的词汇。例如，智能化、人性化、数据化等。

（3）产品的性能介绍要注意满足人们的消费心理，同时注意图文配合。例如，此产品很实惠，该产品附加价值高等。良好的图文配合能达到事半功倍的效果。

4.5 优点或优势：与竞争对手有何不同

无论什么年代，商战都必须讲究知己知彼。电商时代，电商工作人员更是如此。倘若你不了解竞争对手，只是盲目地推出自己的商品，没有自己的优势，没有自己与众不同的特点，那么你的商品也必然不会热卖。

4.5.1 叙述产品优势技巧

作为一名电商人员，你的产品比竞争对手的好还是坏呢？你能明确地发现自家商品的优势吗？如果你能够迅速找到你的产品的优势与独特性，那么你的产品离热销就不远了。

作为一名优秀的电商人员在说明商品优势的时候，一要说得客观准确，二要能够提供某种证明或证据，以使顾客信服。

小洁是在京东上销售某品牌新西兰进口奶粉的工作人员。她在介绍产品优势的时候，就特别客观准确。她是这样介绍自己销售的奶粉的优势的，具体内容如下：

特性 1：奶粉原产地为新西兰。新西兰拥有天然的绿色牧场，同时其品牌优选高免疫健康的乳牛，奶粉绝对无污染，卫生、安全。

特性 2：奶粉添加了人体必备的脂肪酸（DHA）。DHA 为人体必需脂肪酸，被称为“儿童聪明物质”，对脑细胞的生长发育很有好处。

特性 3：选择红与绿两种不同的包装。红色适合 0~3 岁的幼儿食用，绿色适合 3~6 岁的儿童食用。优点是易于辨别，方便选择。

通过这样精准的介绍，小洁把自己销售的奶粉的优势很明确地表达了出来，赢得了消费者的认可，产品也得到大卖。

4.5.2 突出产品优势的同行竞争策略

下面我就具体讲解一下电商突出产品优势的同行竞争策略，如图 4-3 所示。

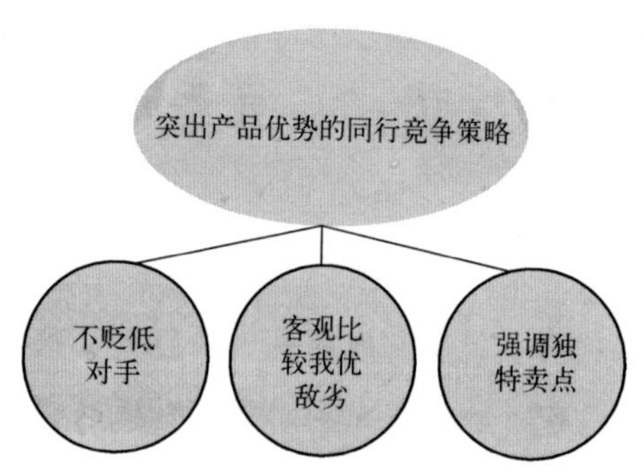

图 4-3 突出产品优势的同行竞争策略

首先，不贬低对手。你去贬低对手，有可能客户与对手有某些渊源，如现在正使用对手的产品，他的朋友正在使用，或他人认为对手的产品不错，你贬低就等于说他们没有眼光、正在犯错误，他就会立刻对你产生反感。千万不要随便贬低你的竞争对手，特别是对手的市场份额或销售不错时，因为对方如果真的做得不好，又如何能成为你的竞争对手呢？你不切实际地贬低竞争对手，只会让顾客觉得你不可信赖。一说到对手就说别人不好，客户会认为你心虚或产品品质有问题。

其次，拿自己的三大优势与对手的三大弱点做客观比较。俗话说，货比三家，任何一种货品都有自身的优缺点，在做产品介绍时，可将己方的三大强项与对方的三大弱项比较，即使同档次的产品被你这么客观地一比，高低就立即显现了。

最后，强调自己产品的独特卖点。独特卖点就是只有我们有而竞争对手不具备的独特优势，正如每个人都有独特的个性一样，任何一种产品也会有自己独特的卖点，在介绍产品时突出并强调这些独特卖点的重要性，能为销售成功增加不少胜算。

只要你能够按照以上三步去做，我想你一定能够找到自我的独特定位，突出自我产品的优势，赢得消费者的信任，最终促进产品的热销。

4.6 利益与价值：这一优点带给顾客的利益

利益是产品能够满足顾客某种需要的特定优势，这种优势可以给顾客带来期望的或意想不到的好处，这个好处就是利益。

4.6.1 产品利益与价值界定标准

产品利益与价值可能是优越的质量所带来的使用上的安全可靠、经久耐用；可能是新颖的构造和款式所带来的时尚感；可能是使用上的更加快捷方便；可能是操作上的简单易行；可能是省时、省力、省钱；也可能是著名品牌所带来的优越感等。

可见，商品的特点特征是客观存在的，商品的优势是在与其他商品的比较中发掘出来的，而商品的利益则需要把商品的特点和顾客的消费需求、购买心理结合起来，需要与特定的顾客联系起来。同一商品对不同的顾客可能意味着不同的利益；不同的商品对同一顾客可能意味着相同的利益。

4.6.2 说明产品利益与价值五大原则

我们在说明商品为顾客带来利益的时候要遵循以下五大原则：

(1) 对于产品的损益对比效果要做到心中有数。凡事都有利弊，消费者购买商品也是有一定风险的。所以，电商销售人员在推销产品时，会把购买的好处与不购买的损失加以对比，以促成顾客做出购买决定。例如，购买新商品，好处是先使用先受益，能够享受到引领消费潮流的愉悦；但风险是新商品过一段时间肯定会降价，购买新商品必定投入较大，会有金钱损失。

（2）介绍产品必须遵循实事求是的原则。实事求是是非常重要的，因为顾客一旦察觉到你说谎、有意欺瞒，必然会对交易活动产生戒心。所以，在介绍产品时，切记要以事实为依据，不能夸大其词。另外，通过攻击其他品牌以突出自己的产品也是不可取的。

（3）产品介绍时需讲究主次分明的原则。所谓主次分明是指不要把关于产品的所有信息都灌输给顾客，这样顾客根本无法了解到你的产品的好处和优点。正确的做法是，我们在介绍产品时，应该是有重点、有主次地介绍我们的产品。如果胡子眉毛一把抓，则会让消费者产生迷茫的心理，对产品宣传是极其不利的。

（4）产品的性能介绍要讲究求同存异的原则。常言道，共同的观点、共同的语言是交流的基础，所以当我们进行商品的销售劝说时也要遵循这一原则。电商销售员所寻找或建立的共同观点无非出自两种情况：自己的观点中顾客所同意赞成的；顾客的观点中可以用来进一步阐述的。

（5）语言上要追求清晰简洁。一种产品本身会包含许多元素，如特性、基本效果、价格、市场欢迎度、用法等。我们在介绍时要尽量用简洁的词语，而不要总是说一些顾客听不明白的术语或官话。最重要的是在介绍时要做到逻辑清晰，语句通顺流畅，让人一听就能明白。如果你的表达能力真的不强，那就需要事先多加练习。

4.7 核心产品：产品使用价值

任何一个完整的产品概念都是立体的，包括核心产品、形式产品、延伸产品三个层次，如图 4-4 所示。

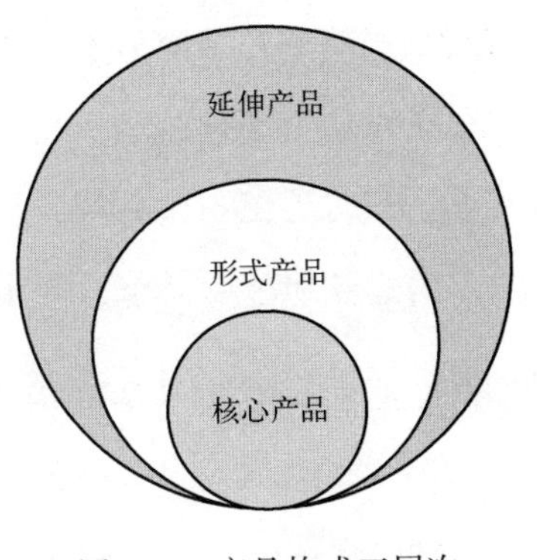

图 4-4　产品构成三层次

4.7.1　产品构成三层次

产品构成最里面是核心产品，第二层是形式产品，第三层是延伸产品。核心产品是指向顾客提供的产品的基本效用或利益，同时核心产品承载的是产品品牌最本质的竞争能力，也是产品的立足点。

再讲得通俗点，核心产品也就是顾客真正要购买的利益，即产品的使用价值。

席晓晓是一名淘宝销售人员，从事网上家电的营销，主营业务是营销洗衣机。她总是讲，对于洗衣机，消费者要购买的是“方便、快捷、干净”。因此当她在做淘宝营销时，总是在淘宝店面上打出“方便、快捷、干净”“太太的好帮手”之类的标语。正是冲着洗衣机的这一核心卖点，席晓晓的洗衣机获得了大卖。

综上所述，作为一名优秀的电商人员，必须对商品的使用价值了然于胸，同时又要能用最简洁明了的语言表达出商品的使用价值，牢牢地抓住消费者的心，这样离商品的大卖之日就不远了。

4.7.2　找出产品核心卖点的 4 大原则

接下来，就为大家分析找出产品的核心卖点的四大原则。

（1）确有其实：产品要确确实实具有你所宣传和承诺的功效或特征，确确实实能够满足消费者的某种需求，也就是产品的核心价值必须真实可靠，不能欺骗消费者。我们都知道产品的质量和品质是企业的生命所在，产品的核心概念必须依托产品的实际功效。但必须注意的是，在进行产品核心概念提炼的时候，确定产品的功效诉求必须首先考虑消费者和市场需求，而不是仅以产品的功效排序来决定我们该把产品定义成什么。

（2）确有其人：也就是说你所诉求的产品功效和卖点必须有足够数量的受众——消费者或潜在消费者数量要足够庞大，否则就很难有销量保证，盈利可能也就有限。面向足够数量的人群，也就是有足够的需求者，产品才有开发推广的价值。为产品进行核心卖点的提炼必须使这一卖点面向足够数量的人，而不是向极少数人宣传。当然，这也绝不是说诉求产品卖点时一定要多多益善，相反你若指望自己的产品男女老少“皆宜”的话，往往会失去自己的核心卖点与消费群。

（3）确有其特：也就是说你所提炼出来的产品核心诉求必须区别于同类产品和竞争者，要有自己的独特之处。随着科学的发展和技术的进步，产品同质化越来越严重，尤其在产品充分市场化的领域更为明显。在这种情况下，体现自己的独特之处就成为产品推广的必要步骤。这里需要进一步说明的是，我们所说的“确有其特”并不局限于产品本身，而是指你要传递给消费者的独特的、具有说服力的“说法”，这一“说法”也许同行企业和同类产品都具备，但关键是看谁能先说出来、讲清楚，并让消费者认为这一特色与优势是你独有的。

（4）确有其途：这里的“途”是指捷径的意思，是说你所提炼出的产品核心概念必须易于广泛传播，易于理解和记忆。产品核心概念的总结应该尽量避免使用拗口的学术用语，要让普通消费者听得清楚，容易记忆，任何烦琐、模糊的语言只会让企业花费大量的资金对产品做无谓的解释。同时，语言要生动、亲切，富于联想。

4.8 形式产品：外形、体积、视觉、手感、包装等

正如上文所讲，一个完整的产品概念是立体的，包括核心产品、形式产品、

延伸产品三个层次。形式产品是指产品的外在表现，如外形、质量、重量、体积、视觉、手感、包装等。产品在市场上呈现的面貌，是购买者选购的依据，因此对产品的销售具有至关重要的作用。

4.8.1 简佰格旗舰店靠“萌趣”萌化少女心

简佰格旗舰店是淘宝商城一家女款包包专营店面。此家店面的营销取得了不俗的成绩（见图4-5），其主要原因是店主善于突出产品的形式美，总是能够基于女性特有的审美心理，结合包包的外观，进行完美的展示，从而得到了广大女性的青睐。店主在自家的店面上展示出了产品的萌萌的、可爱的外观，而且用非常接地气俏皮的言语描述产品的外在综合特征。店主还为自家的包包写下“萌趣担当”的标题，同时配合精美可爱的商品图片，完美地呈现出产品的外在可爱形象，简直萌化了万千少女心，从而赢得关注，产品热销。

图4-5 淘宝产品注重形式包装，得以热销

4.8.2 打造产品形式美三部曲

接下来，为大家分析，电商人员打造产品形式美的三部曲。

（1）选择清晰、有趣、多方位、高品质的商品图片做软性宣传。这样有利于直接展示产品的外在综合特征。

（2）语言描述要形象、俏皮、接地气、时尚化。所谓形象，就是要多用一些比喻的手法；所谓俏皮，就是要不失幽默感；所谓接地气，就是要让消费者能够一读就懂；所谓时尚，就是要多用当前网络热词，显得更加符合潮流。

（3）产品的定位必须精准。只有精准定位，才能获得定位人群的广泛关注，从而引起热卖。如果你的产品没有什么与众不同的所在，又是面向所有人群的，那么消费者就会觉得乏味，你的产品便不会热销。

4.9 延伸产品：服务、承诺、身份、荣誉等

所谓延伸产品，是指产品的服务、承诺、身份、荣誉等附加价值。

4.9.1 延伸产品的好处

作为一名优秀的电商，你要懂得打造延伸产品。当你把产品的附加价值清晰地展示给消费者，消费者必然会做到心里有数，对你的产品格外注意。

淘宝网有一家专营华为手机的店面，店主十分注重产品的服务，以及自家店面的荣誉。他总是在自家的产品信息中，写到“正品保障，赠送运费险”等承诺及一些其他额外价值，如图 4-6 所示。

图 4-6 商品的延伸价值：正品保障

4.9.2 打造延伸产品注意事项

接下来，为大家分析一下打造延伸产品的注意事项。

（1）延伸产品要格外注重商品的售后服务。在电商时代，销售者们比的不仅是销售量，更加注重产品的售后服务。倘若你的售后服务做得很不到位，那么你的产品的信誉在消费者那里必然会大打折扣。

（2）延伸产品要视承诺如金。无论在什么年代，商人都要讲究承诺是金。倘若你立下了假一赔一的承诺，而且由于意外你的产品出现了瑕疵，引起消费者的不满，那么你必须敢于承担责任。敢于为自己的产品担责，才会赢得消费者的注意与尊敬，形成口碑，你的商品便会大卖。

（3）延伸产品要符合产品的身份定位。倘若你是在网上经营苹果手机的，要与三星手机进行销售比赛，倘若你写到产品价格更加低廉，那么你就属于自砸招牌。正确的做法是，应该优中求优，苹果应该符合自身的定位，选择“质量有保障”作为自己的延伸价值才会取得大卖。

4.10　资质证书：相关证书要亮出来

在电商时代，资质证书实际上就是指电商工作者有能力、有权利完成一项产品售卖的证明书。资质证书在网络营销中往往起着至关重要的作用。

4.10.1　什么是资质证书

资质证书仿佛通行令一般，当有权威的机构为你的产品进行资格证说明，那么你的产品便会容易获得大众的认可，从而引发他们的消费行为。

以京东商城某家书店为例，该网上店面主营文学作品以及时下流行的各类畅销书。店主总是在自家的商品介绍一栏中展示出“人民文学出版社授权证书”的字样（见图 4-7），从而展示出自家商品的权威性和正规性，既保证了正品，又促进了商品的售卖。

图 4-7　人民大学出版社授权证书

4.10.2　资质证书展示注意事项

接下来，为大家介绍一些资质证书展示的注意事项。

（1）资质证书必须与产品相对应。如果是在网上经营零食，那么必须亮出卫生许可证；如果是经营书刊，则需要亮出某知名出版社的授权证书等。倘若你的资质证明与所经营的产品不匹配反而会适得其反。

（2）资质证书最好是权威机构颁发。倘若授予你资质认可的是某些辨识度不高的单位也不会有很好的效果。

（3）有资质证书时，必须在商品介绍栏中进行高清图片的展示。这样做有利于树立产品的权威，从而赢得消费者的信任。

4.11　名人背书：明星代言

所谓名人背书，也就是我们常讲的明星代言或明星效应。通过名人的知名度为产品做宣传会起到事半功倍的效果。

4.11.1 明星效应的好处

小凡是一名在唯品会进行面膜销售的电商人员，她非常善于利用明星效应进行产品销售。她平常也是十分关注娱乐消息的，知道某明星喜欢收藏面膜。她利用这些消息，在网上销售面膜，并打着某明星同款或某明星代言的口号进行销售，最终取得了不俗的业绩。

接下来，我们具体分析一下明星效应的好处。

首先，明星效应有着很大的带动消费的作用。不论是中国还是外国明星代言的产品已经屡见不鲜了，从日常用品到汽车房子，各种广告都离不开明星的身影。正是由于明星的代言，某些产品的知名度迅速提高。

4.11.2 借助明星代言注意事项

然而邀请明星为产品代言，并不是随随便便让一个明星代言就能有效果的。请明星代言也是有许多原则和规律的。下面我们就具体分析一下，在电商时代，电商人员借助明星的名气为产品代言时应具体注意的事项。

（1）形象代言人的角色必须要与所代言的产品契合。

（2）明星代言必须能够传达品牌独特、鲜明的个性主张，使产品得以与目标消费群建立某种联系，顺利进入消费者的生活和视野，达到与之心灵的深层沟通，并在其心中树立某种形象和地位，使品牌变成一个有意义的带有附加价值的符号。

（3）当前网络上到处充满了明星代言，消费者往往会因为过多的干扰和没有创意的产品功能介绍，而忽略产品本身，甚至会张冠李戴。所以要充分发挥明星效应，必须考虑明星的气质以及明星与产品的契合度，倘若做不到这些，那么明星的综合效应的发挥就不能达到最佳效果。

综上所述，作为一名优秀的电商人员，你选择运用明星代言的产品做网上店面封面时，绝对不能草率，不能跟风，而是必须深入研究，把握住时机，使资源整合利用达到最好的效果。

4.12 机构背书：央视、报纸报道

所谓机构背书，就是通过相关机构或媒体的大力宣传，从而使某产品名声大噪。典型的就是央视广告宣传或一些知名度较高的电视台的报道。

4.12.1 央视代表媒体权威

淘宝网上有家售卖钟氏手工挂面的店铺。店主在自家的店面上打着“央视报道正宗中江钟氏手工空心挂面”（见图 4-8）的口号，使得店铺销售量遥遥领先。

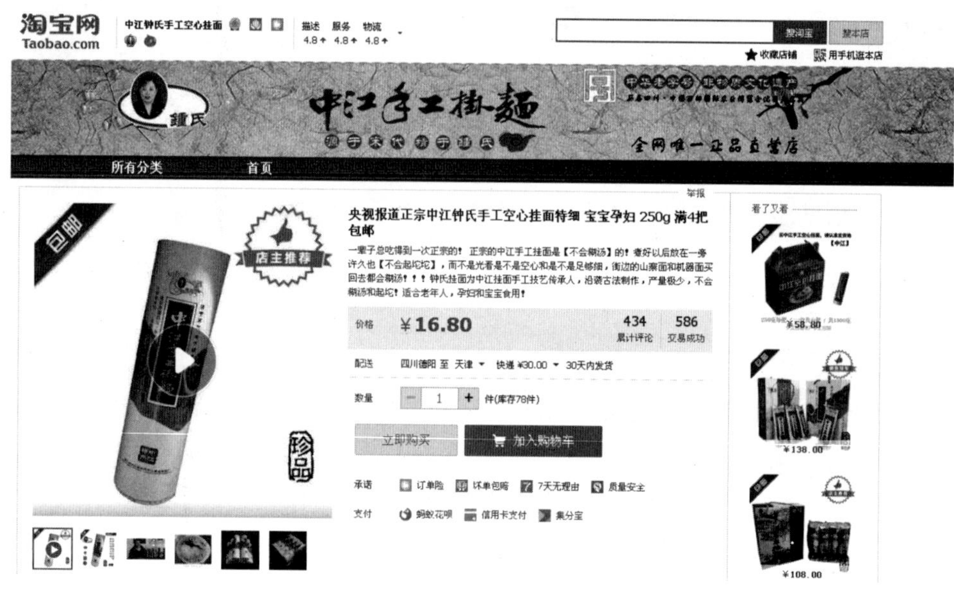

图 4-8 央视报道正宗中江钟氏手工挂面

为什么央视报道的产品销量会遥遥领先呢？那是由于央视代表了传统媒体的权威，央视的报道宣传真实可靠、传播范围广、知名度高。

4.12.2 借机构权威宣传的注意事项

接下来，为大家分析一下借机构权威进行商品宣传的注意事项。

一方面，此产品的知名度必须高，而且是在电视台的黄金时段播出的商品宣传。因为人的精力是有限的，倘若某产品确实在央视报道过，然而报道的时间段却极其晚，这样产品的知名度也不会太高。对于这样的产品，在做电商宣传时，如若强行表明“央视报道”，则会有生拉硬扯之嫌，反而会适得其反。

另一方面，此类产品应以日用品为主。日用品一般无毒无害，倘若一则保健品也曾在某知名电视台播放，消费者还是需要留心。虽然保健品也无毒无害，但是保健品市场总是存在着夸大药效的嫌疑，最终目的是赚取消费者的钱财。

综上所述，对于央视报道、媒体宣传的商品，电商人员必须掌握分寸，必须根据商品的属性以及商品在电视台的播报时间段，进行合理分析，看是否适合在网上做同样的宣传推广。

4.13 排行榜：单品销量前十

人总是爱追求潮流，追求热点，追求高人气的商品。排行榜法正是在这一心理诉求下，产生的一种促销方法。

4.13.1 追求热点，抓心理

小舒是一名在当当网上进行图书销售的人员，她总是会利用人们追求热点、追求超高人气的心理进行图书销售。

2012 年，莫言获得了诺贝尔文学奖，她刚知道这个消息，就购入大量莫言的作品，并在自家的店面上写着“唯一获得诺奖的中国作家作品，销量遥遥领先”。通过这样的描述，再通过这一热点，她批发的书都得以大卖。近年来，她也通过此方式进行网络书刊的销售以及青春文学的网上销售，最终都取得了不错的效果。

4.13.2 排行榜法的技巧

接下来为大家介绍一些排行榜法需要注意的技巧。

（1）排行榜法必须紧跟热点潮流事件。这就需要电商人员时时关注自己所在领域的最新动态，如果能紧紧抓住热点，那么离成功就仅仅一步之遥了！

（2）排行榜法主要适用于图书产品以及日化产品，不太适合重工业产品。图书或日化产品都是面向单个群体的，而且群体数量较多，通过排行法能够引发大家的攀比心理或竞争心理，这样更容易促进产品的销售！

（3）排行榜法应当遵循适度适量的原则。例如，这个月一本图书畅销，你写销量遥遥领先，甚至排名第一。如果每个月都有这样的写法，那么消费者必然会质疑，对图书的质量也会担忧。最好的做法是根据实际情况，合理地、有频率地使用这一方法。这样一方面可以吸引消费者的眼球，赢得他们的信任，另一方面也会促使产品热卖。

4.14 工厂线：专业化流水线生产

所谓工厂线法，就是通过专业化的流水线进行生产。

工厂线法的核心点就是突出生产的专业性。因为专业，所以权威。因为权威，所以销量大。这样形成良性循环，便能促使产品热卖。

所谓专业化流水线生产，就是将现代柔性生产技术和信息化管理手段应用与流水性生产相结合，做到在一条流水线上同时生产多个品种的产品。这样就可以实现大规模定制生产，即按照用户订单，在同一条生产线上连续生产不同用户订购的不同品种的产品，既达到规模经济，又满足用户的个性化需要。

4.14.1 流水线生产四大特征

流水线生产有如下四个特征：

（1）每个工作地只固定完成一道或少数几道工序，专业化程度较高。

（2）流水线按照统一的节拍进行生产。

（3）流水线上个工作地的生产能力是平衡的、成比例的。

（4）流水线设有专门的传送装置，产品按单向运输路线移动。

同时，它的生产率高，能及时地提供市场大量需求的产品。作为专业化生产，流水线上采用专用的设备和工艺装备以及机械化的运输装置，因而可以提高劳动生产率，缩短生产周期，减少在制品占用量和运输工作量；加速资金周转，降低生产成本；还可以简化生产管理工作，促进企业加强生产技术准备工作和生产服务工作。

苏芮旗舰店是一家天猫商城的店面，主要销售一些轻工业产品的零配件。该店的网上销售销量远远高于同行，而且在客户那里好评如潮。主要原因是店主抓住了客户求质量有保证，零配件零误差的心理。店主在自家的淘宝店面上，表明自己的产品是流水线生产，质量高，而且规格绝对统一，如图 4-9 所示。

图 4-9　专业化流水线生产铝型材销量遥遥领先

4.14.2　工厂线法适用范围

接下来，为大家分析一下，工厂线法的适用范围。

首先，工厂线法适用于机器制造业等类型的产品。例如，布匹、丝帛、机械产品零部件等。

其次，工厂线法不适用于高档奢侈品。高档奢侈品，讲究豪华排场，而此类商品的目标人群大都是富裕的家庭。富裕的家庭喜欢的商品大都是独树一帜的，因为这样才能显示出他们的身份、地位与品位。

最后，工厂线法不适用于创意性产品。所谓创意性产品，就是每一件产品都有独特的内涵，倘若整齐划一，又怎会有创意的感觉？如果对于此类产品也加以流水线生产会适得其反。

4.15 研发团队：200位工程师用时2年研发而成

研发团队法，就是通过专业的研发团队突出产品的专业性和权威性，从而提高产品的市场号召力，促进产品的销售。其实这就相当于我们常讲的“他山之石，可以攻玉”，借助别人的名气来提高自我产品的威信力。

4.15.1 借研发团队威信力热销产品

淘宝网有一家专门从事保健产品销售的店面。该店的保健品销售取得了很不错的成绩，主要是店主善于利用研发团队法，如图4-10所示。他在自家网上店面上明确标明“哈佛团队研发”。一个“哈佛团队”，就为此保健品大大提高了权威性，产品的市场号召力怎么会不强呢？

4.15.2 研发团队法适用范围

接下来，我们具体分析一下，研发团队法的适用范围。

首先，研发团队法适用于高科技产品。例如生物工程、高端计算机领域的产品研发或是军工领域核心产品的民用转化。对于这类产品，积极使用研发团队法，会起到事半功倍的效果。

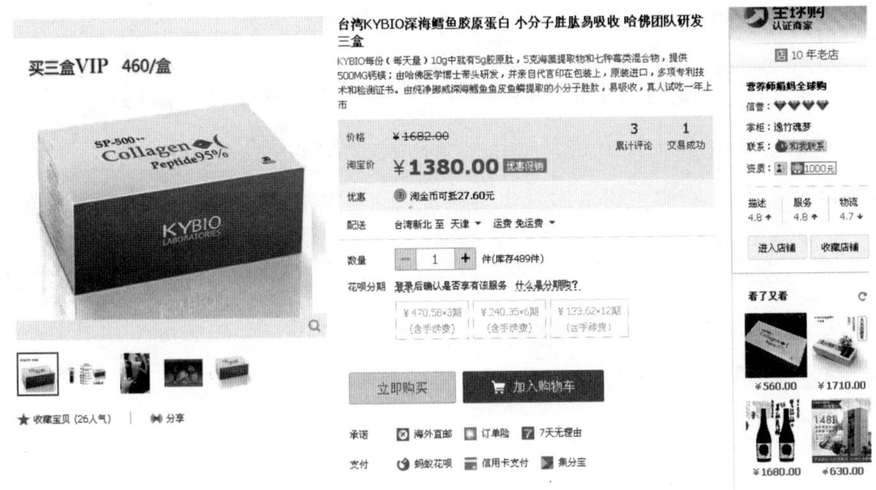

图 4-10　利用研发团队法，促进产品热销

其次，研发团队法适用于医药保健品和护肤品。当身患重病的人听说某医药产品经某知名团队研发，必然会对他们的产品抱有极大的信心。同样地，如果一位女士出现了皮肤问题，当她听说某专家研发出了某款专治皮肤问题的护肤品也会精神振奋。

最后，研发团队法的使用必须遵循真实公正的原则。倘若某款产品并不是由研发团队精心研发，而作为电商的你却虚假宣传，必然会起到反作用，最终受害的不仅仅是消费者还有你以及你所宣传的产品。

4.16　投放额度：投入 3 亿元打造

投放额度法，就是通过投入巨资打造某产品的方法，以此增加此产品的含金量，提高此产品的市场威望，最终达到产品大量销售的目的。

接下来，我们具体分析一下，投放额度法的适用范围。

首先，投放额度法适用于汽车制造业等重工业产品。汽车行业是一个紧随市场行情不断变化发展的行业，倘若你能根据消费者的需求，投入巨资进行研发生产，生产出消费者所需要的汽车性能，那么你的汽车必然会大卖。所以，对于这类产品，积极使用投放额度法，会达到事半功倍的效果。

其次，投放额度法适用于高科技产品。毕竟经济是基础，高科技产品的研发需要大量的资金作为物质保证。如果某个研发团队有足够的金钱支撑，那么他们的研发进度就会大大加快，研发质量也会有保证，研发的产品市场威望也会不错。

最后，投放额度法的使用也必须遵循真实有效的原则。倘若某款产品并没有投放巨资进行倾心打造，而作为电商的你却虚假宣传，必然会起到反作用，最终受害的不仅仅是消费者还有你与你所宣传的产品。

4.17 案例法：将好评以图片的形式展示出来

所谓案例法就是结合市场实际，以典型案例为素材，并通过具体分析、解剖，促使人们进入特定的营销情景和营销过程，建立真实的营销感受和寻求解决营销问题的方案。要想成为一名优秀的淘宝电商人员，就要学会案例法。此方法极其好学，且效果奇佳。

4.17.1 优先向买家展示好评的具体步骤

淘宝电商常用的案例法就是将好评以图片的形式展示出来，如图 4-11 所示。

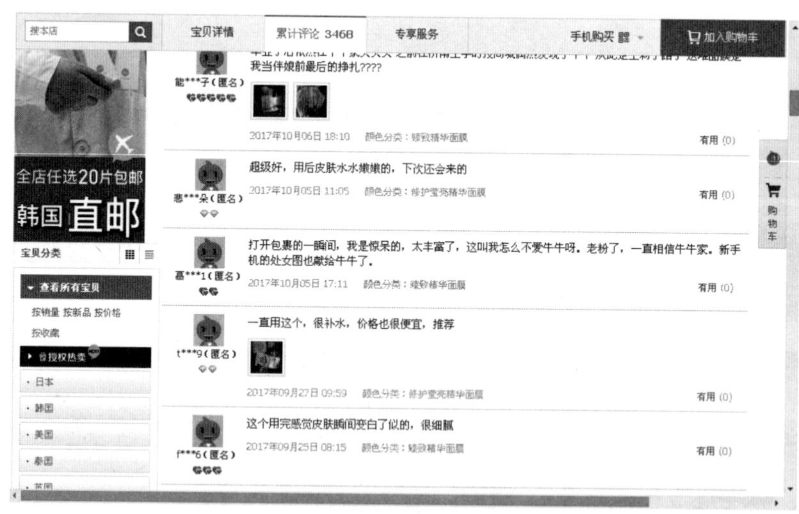

图 4-11 淘宝网某护肤品好评展示

接下来，就为大家分析一下淘宝电商如何优先向买家展示好评，具体步骤如下：

首先，我们需要去百度搜索框输入“淘宝网”，单击进入，登录自己的淘宝账号，如图 4–12 所示。

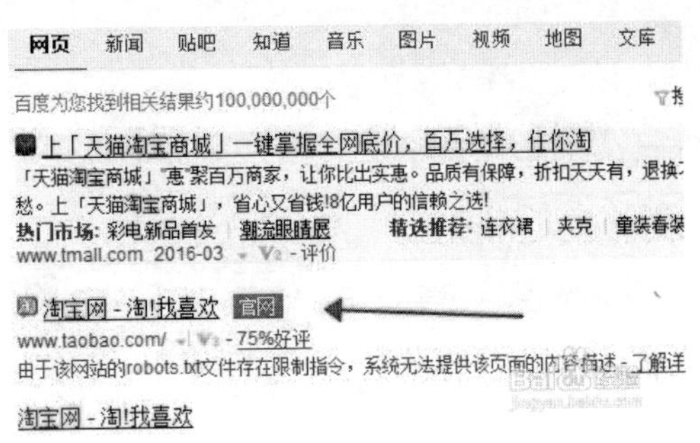

图 4–12　登录自己的淘宝账号

其次，在我的淘宝主页，找到“卖家中心”，单击进入，如图 4–13 所示。

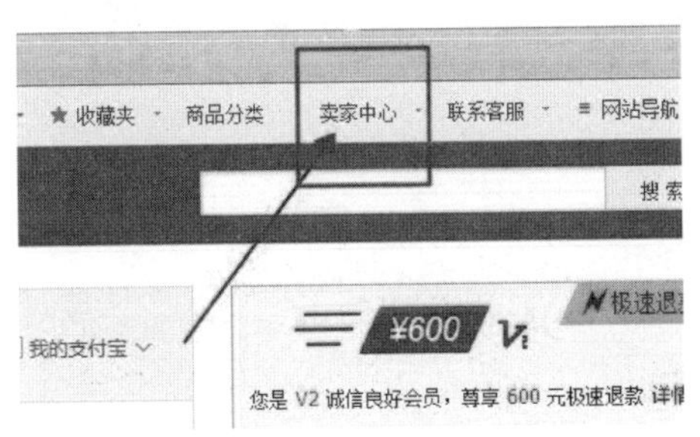

图 4–13　找到卖家中心

然后，在“卖家中心”找到“店铺管理”选项，单击下面的“查看淘宝店铺”选项，如图 4–14 所示。

图 4–14　查看淘宝店铺选项

接下来，进入淘宝店铺首页之后，选择你想要编辑好评的宝贝，单击进入，如图 4-15 所示。

图 4-15　选择你想要编辑好评的宝贝

再然后，进入宝贝详情页之后，就往下拉，找到累计评论选项单击进入，如图 4-16 所示。

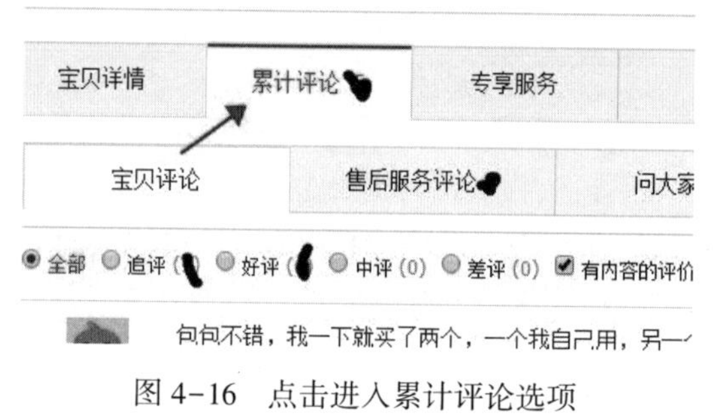

图 4-16　点击进入累计评论选项

再其次，在打开的宝贝评论下拉框中，找到你想要优先展示的评论，单击左边的“有用”按钮。这样，好的宝贝评价就可以优先展示给买家了，如图 4-17 所示。

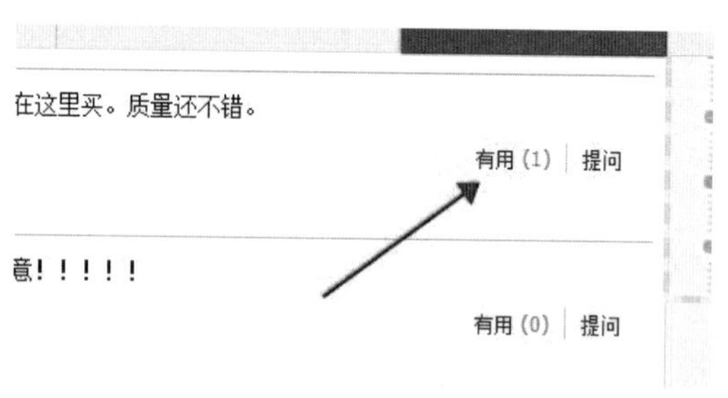

图 4-17　找到优先展示的评论，单击“有用”按钮

最后一步就是，你需要去找优先朋友进入你的店铺，叫他们去单击有用评论，如图 4-18 所示。

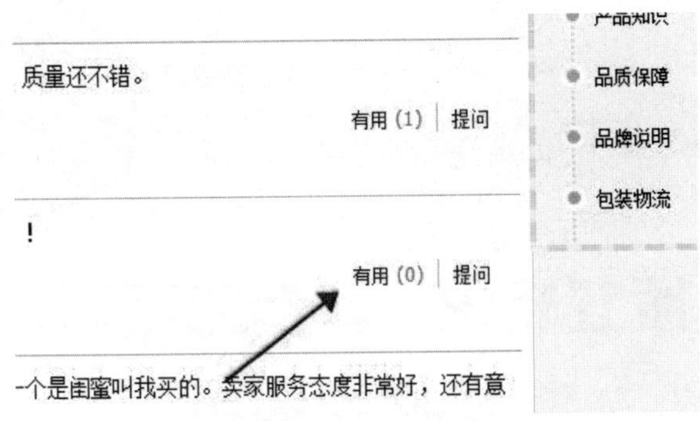

图 4-18　找优先朋友单击有用评论

4.17.2　运用案例法注意事项

下面再为大家分析一下运用案例法注意事项。

首先，好评必须是真实有效的，不能是网络水军虚假刷出来的好评。如果好评造假，而且产品质量也不过关，最终受害的将会是自己。

其次，好评需要实时更新。作为一名电商，你需要把最精彩、最有效、最能展示产品性能的好评放在首位，这样消费者才会有眼前一亮的感觉，你的商品的销售量也会大为可观。

最后，好评中必须有产品真实图片展示。当有图片展示时，消费者才会有真实的感觉，而且当你的好评展示中有比较精美的图片展示时，潜在消费者才会对你的产品产生购买的冲动。

第 5 章

版式转化：塑造即视感，让买家留步

本章将会为大家介绍一种全新的转换方法——版式转化。

所谓版式，即平面设计刊物的版面格式。版式设计是指根据设计主题和视觉需求，在预先设定的有限版面内，运用造型要素和形式原则，根据特定主题与内容的需要，将文字、图片（图形）及色彩等视觉传达信息要素，进行有组织、有目的组合排列的设计行为与过程。版式设计是视觉传达的重要手段。表面上看，它是一种关于编排的学问；实际上，它不仅是一种技能，更实现了技术与艺术的高度统一。

在电商时代，版式设计是电商人员必备的基本功之一。

排版设计不仅仅只是将文字、图像、图标等元素简单地糅合在一起就可以，而是要达到一个阅读性很强并且视觉形式美的视觉效果。“对齐”这个基本的设计原则可以帮助我们在设计中构建顺序和层次结构，从而实现层次清晰、简单易读、视觉形式美的布局。

版式转化就是让消费者看到你的商品图文版面设计，具有一种商品在眼前，就有想买的冲动。版式转化的核心观念在于“看到即预见，塑造即视感，让消费者对产品产生一见倾心的感觉，使他们产生购买的欲望”。

版式转化重在形式美，通过完美的版面设计抓住消费者的心。常用的版式转化方法有6个，分别是中心分布法、左右/上下分布法、对角线分步法、大小对比法、粗细对比法以及字形对比法。

5.1 中心分布：文字为主，或与图相关联

在电商时代，电商人员必须学会通过图文的完美配合来介绍产品，文字描述要能突出产品的核心特性，产品图片的展示又要能与文字完美契合。这样才能最大限度地吸引消费者的目光，在此基础上才能促进产品的销售。

图片可以理解为除摄影以外的一切图和形。图形以其独特的想象力、创造力及超现实的自由构造，在排版设计中展示独特的视觉魅力。图片主要具有以下特征：简洁性、夸张性、具象性、抽象性、符号性、文字性。

5.1.1 什么是中心分布

所谓中心分布就是要以文字为主要内容，或与图相关联，让画面感稳定。

下面举一个真实案例进行说明。

淘宝商城有一家专卖茶具的店面，店主精通于淘宝店面上商品的图文排版。他的版面设计总是很吸引人，主要是他的风格多元，而且产品的介绍图文成熟稳定，能够突出重点，图文相得益彰。正是由于他的出色的图文编排设计能力，他在电商界小有名气。

店主为自家的保温杯设计了一个图文版面，如图5-1所示。这个图文版面就是典型的中心分布案例。整个版面以文字为主，以图片为辅。用文字突出保温杯“黑茶专用”的独有属性，同时重金属般的颜色又烘托了产品大气稳定的特点，也不失为加分项。正是这样完美的设计，促使了该款保温杯的热销。

图 5-1　保温杯的图文版面设计

5.1.2　中心分布法版面设计技巧

接下来，具体分析一下中心分布法版面设计技巧。

首先，要以文字为中心，文字的描述必须简洁明了、大气有内涵，最主要的是要突出产品的核心性能。

其次，要辅之以高清精致的产品图片。这样图文相配才能使消费者眼前一亮。

最后，要注意细节，还要突出产品的优惠性。作为电商人员，你的最终目的是卖掉你的产品。有时，即使版面设计很美观大气，但是商品的价格很高，对于一般消费者来讲，他们也是不会购买的。

希望广大电商人员，能够在版面设计的基础上利用消费者追求物美价廉的心理，最终促成产品的热销。

5.2　左右/上下分布：突出对应性

其实，左右/上下分布是大部分电商人员常用的分布形式，这种方式容易平衡版式，产品的文案区别对应性也强。

5.2.1　左右/上下分布的要点

如果整个版面分成上下两部分，则在上半部或下半部配置图片（可以是单幅或多幅)，另一部分则配置文字。如果将分割线虚化处理，或用文字左右重复穿插，左图右文也会变得自然和谐。

淘宝商城有家专营沙发的店面，店主就十分精通商品的图文排版技巧，如图 5-2 所示。通过这一案例，我们将进一步说明左右/上下分布的要点。

图 5-2　淘宝商城某店面对沙发的图文设计

从图 5-2 中，我们可以很直观地发现，该店主采取了左右分布的格局。左面向消费者全面展示了沙发的外观，给消费者留下了很深刻的印象。右面，很对应地写出来“轻奢华、新美式”的产品特征。清晰的图片，简洁的语言，重点的说明，最终促使本产品热销。

5.2.2　左右/上下分布技巧

下面总结一下，左右/上下分布的技巧。

首先，树立大局观，控制好文字与图案的空间占比。一般来讲，如果你选择左右分布，则一般是文字与图片的占比都是 50%。如果你选择上下布局，那么一般是图片占据 3/4，文字占据 1/4，这样的布局方显得赏心悦目。

其次，要做到图文对应。对应是关键。如果你的图片把商品信息展示地很到位，然而你的文字信息却很拖沓无力，那么也不会收到很好的转化效果。

最后，仍然要注意细节和图片的画质。所谓注意细节，就是把你的商品的独特优势通过图片不留余力地展现在消费者面前，给他们震撼的感觉。注重图片画质，即要求商品图片信息是高清晰的，这样才会使商品有一种全新的感觉，从而给消费者营造出一种时尚潮流的感觉。

如果按照上面的做法进行产品图文的编辑，你店面的产品的销量也会越来越大的。

5.3 对角线分布：以产品细节为主

对角线分布指的是画面中的影像呈对角的方向分布，这种构图避开了左右构图的呆板，形成视觉上的均衡和空间上的纵深感，可以突出展示产品细节。

5.3.1 对角线分布方法

简单来说，对角线分布就是用一条倾斜的线条将画面的对角连接起来。这种构图方式可以看作是斜向切割，也可以看作是两个三角形的对接。对角线构图可以加强画面由一角到另一角的纵深透视感，增强深远而开阔的感觉，使画面线条多变又富有动感，而且在视觉上显得活泼、自然。采用对角线构图，既可以用平视角度，也可以用仰视角度。

淘宝商城有一家名为多沫园艺的店面，该店面主营多肉植物。此淘宝店面店主为其宝贝设计了一幅很不错的版面，如图 5-3 所示。店面中，多肉的图片展示用的就是对角线分布法。从整个画面布局来讲，多肉植物处于画面的对角线中心，很明确地突出了多肉植物的新鲜感和生长态势，能够即刻抓住消费者的眼球，从而激发他们的购买欲望，促进产品的热销。

其实，在很多的商品介绍画面中还会出现一种无形的对角线，这种无形的对角线比有形的对角线更含蓄，更富有美感。

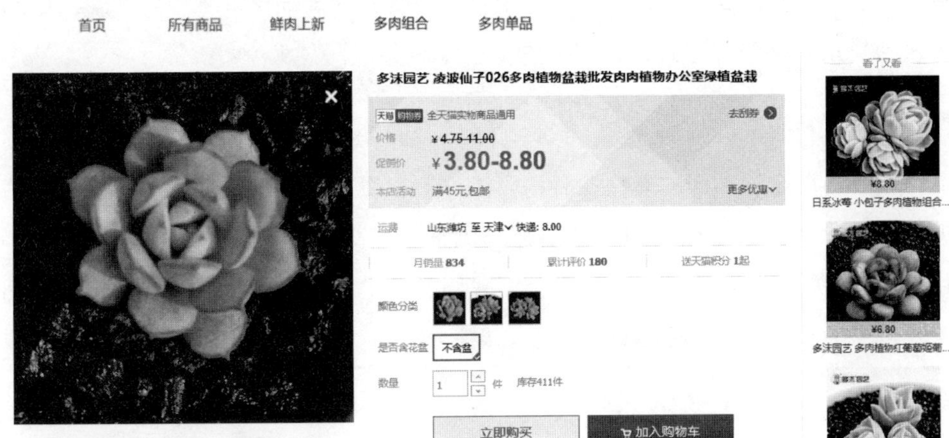

图 5-3　淘宝商城 多肉植物的对角线构图法

5.3.2　对角线构图优势

下面进一步说明对角线构图的优势。对角线构图是一种动态的画面布局，它能够打破画面平淡的静止状态，给人一种倾斜或不稳定的感觉，表现出向上或向下的斜向。

如果您能够高效运用对角线分布法，而且能够做到极其美观，能够赋予商品动态感，那么就可以产生视觉动势和动势趋向。进而使画面打破平静，充满强烈的运动速度感。另外，这种构图还可以使画面生动活泼，表现的方向性会更强，商品也会显得更加美丽，从而促使买家消费。

5.4　大小对比：突出主次

对比构图法也是一种设计产品版面的极其有效的方法。

5.4.1　对比构图法

对比构图是版式设计中最重要的原理之一，有着较强的实用性。对比构成的形式法则被广泛运用于各类设计，从招贴、书籍、包装、样本到标志、网页等的图形、文字、编排、色彩，无一例外都会涉及对比的原理和形式。

对比构成的形式很多，主要体现在形象与形象之间的关系，以及形象与空间之间的关系和形象编排的方式。有对比必然会有变化，变化是对比在画面上所产生的效果。在追求画面的对比性时，应注意不能变化过大，不然会使形象之间互相争夺，看上去眼花缭乱而失去美感。画面应该既要有对比、变化，又要有调和、统一，画面在追求变化的同时，要采用类似的元素使画面达到统一。只有处理好两者的关系，才能取得好的画面效果。

大小对比是对比构图法中最明显、最常用，也最容易产生良好效果的方法。

大多数的电商人员在对商品进行介绍说明时的文字排版都使用了这种方法。好处是主次分明，从而更轻松地阐释产品的核心特征，也会使消费者一目了然。当消费者感觉一目了然时，那么你的产品宣传效果就完成了一大半，那么你还会忧虑产品的销售吗？

5.4.2 大小对比法应用注意事项及实用技巧

下面再强调一下大小对比法的应用注意事项及实用技巧。

首先，这种对比关系比较容易表现出版面的主次关系，在设计中常将主要内容和比较突出的形象处理得大一些，次要形象处理得小一些，以此衬托主要形象。

其次，有时为了取得特殊效果，有意将大小悬殊拉开，用过大的形象来衬托小形象，使小形象成为视觉中心。

最后，大小对比还体现了远近，即近者为大，远者为小。电商人员，要合理地利用这一规律，使产品宣传版面更加主次分明，效果更加显著。

5.5 粗细对比：深浅错落有致，产生视觉重心

字体的粗细对比通常是指字体笔画的粗细对比。大多数字体在设计的时候都

包含了多种不同的粗细对比效果。

我们在进行字体的粗细对比时，可以尝试将细体字与粗体字搭配，来强调粗字体的内容。粗细对比的最终目的是使消费者能够在看产品的文字介绍时产生视觉重心。

电商工作者可以在对产品进行文字介绍时，用字体的粗细对比更充分地体现商品中所蕴含的情感。其实，字体选择是一种感性、直观的行为。

接下来，为大家介绍一下字体的粗细特征，以及各自的使用规则以及适用范围。

第一，突出字体的粗细对比。字体细显得优美，粗则显得有力。将标题文字变细，就会显得十分优美。无论哪一种字体，在变细时都会产生优美的意味。相对应地，将文字变粗，视觉效果也会增强，更容易传递强而有力的效果，给浏览者留下深刻的印象。

第二，粗体字宜用作标题。淘宝电商商品介绍的大标题要用粗体字来表示，如果用细体字，看起来就像在介绍无聊的、没有什么价值的产品。粗体字给人热情的感觉而细体字给人冷静的感觉，因此热门产品与细体字不相称。粗体字给人有精神、有力量的印象，最适合用于强调产品的核心特征。

第三，在进行商品的文字介绍时，正文字体不宜出现粗细变化。粗细效果对于正文中的小字是一样的，但故意运用粗细变化，就会造成视觉上的混乱，降低可读性。

第四，调整字体粗细要把握好度。特别应注意的是，商品的主页文字设计未必能够与消费者的期望完全相符，考虑到这个差距存在的可能性，还是使用标准式样的字体比较稳妥。

综上所述，粗体字强壮有力，有男性的特点，适合机械、建筑业等内容；细体字高雅细致，有女性特点，更适合服装、化妆品、食品等行业的内容。在同一版面中，字体种类少，则界面雅致，有稳定感；字体种类多，则界面活跃，丰富多彩。关键是要根据版面内容来适度把握这些关系。

5.6 字形对比：进行字体设计，加入图形元素

字形对比的方法相对于以上两种更加自由多样，最普通的为衬线体与非衬线体的对比，甚至还可以进行字体设计，加入图形元素等。

经过艺术化设计以后，文字形象可变得情境化、视觉化，强化了语言效果，成为更具有某种特质和倾向性的视觉符号。字体设计最基本的准则是，在追求字体变化的同时要便于识别。

5.6.1 字形三大特征

字形有三大特征，分别是硬、软、复古。

所谓硬，就是讲字体有力道。特征为坚实、厚重、硬朗、猛烈、冲击……这类字体气势突出，视觉冲击力明显，个性张扬有力，节奏分明，可以用于表现强烈的信心和勇气，表现凝聚力和号召力，给人视觉上的震撼。这类字因其字形富有张力，所以在表现刺激的商品中比较常见，如网上体育器材的产品宣传，网上战争类、灾难类电影海报的设计等。

所谓软，就是讲字体很柔美。特征为纤细、优雅、亲近、温和、飘逸……这类字体适合表现细腻情感的商品，如婴幼儿商品、女性商品、萌宠商品的文字介绍等。同时，通过柔美的图画展示，商品可以得到更大程度的展现，通过视觉感觉，形成人与商品的情感共鸣，以达到最佳效果。

所谓复古，就是讲字体很传统、古朴。特征为严肃、端正、正式、中性、规矩、怀旧……这类字在品牌类产品的字体介绍中比较常见，因为可以给人以饱满充实的信赖感和说服力。

5.6.2 6种字体设计技巧

下面为大家介绍6种字体设计的技巧与方法（见图5-4），分别为替换法、共用法、叠加法、分解重构法、俏皮设计法、错落摆放法。希望对大家在进行产

品文字说明时有所启发。

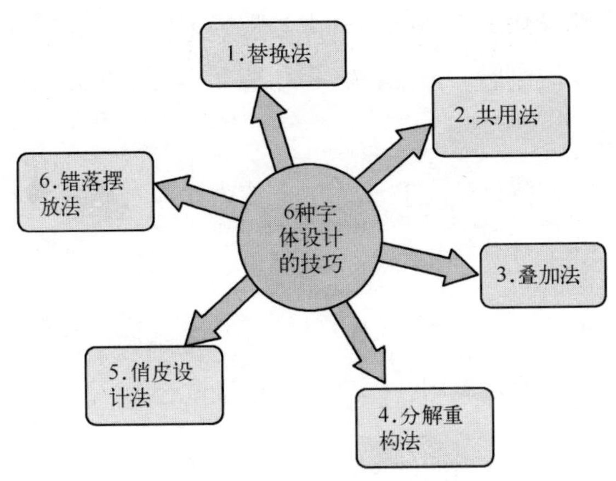

图 5-4　六种字体设计的技巧

1. 替换法

替换法打破了文字的统一形态，为文字加入新鲜的图形元素或文字元素，使表现形式更灵活多样。其本质是通过写实或夸张的手法，达到吸引人的效果。同时，将文字进行局部替换，能够使文字的内涵外露，增强艺术感染力。

2. 共用法

笔画共用是文字图形化创意设计中比较常见，也比较有趣味的形式。文字是一种视觉图形。文字的线条也有着强烈的构成性，我们既可以从单纯的构成角度来看到笔画的异同，也可以寻找笔画之间的内在联系。当找到文字之间可以共同利用的条件，我们就可以把它提取出来合并为一，从而创造出更加优美的字体形式。

3. 叠加法

所谓叠加法，就是将文字的笔画互相重叠或将字与字、字与图形相互重叠。叠加能使文字图形产生立体感。另外，通过叠加处理的实行和虚形，增加了设计的内涵和意念，能够使单调的文字形象立即丰富起来。

4. 分解重构法

所谓分解重构法，就是将习以为常的文字或图形打散顺序，然后通过不同的角度进行重新组合处理。最终目的是要破坏文字的基本规律并寻求新的设计生命，使文字显得更加特立独行。

5. 俏皮设计法

所谓俏皮法，就是在字体表现形式上，要做到圆润可爱有色彩。最重要的一点就是色彩，加上不同色彩的搭配，文字才能显得更加俏皮可爱。

6. 错落摆放法

所谓错落摆放法，就是把左右改为上下或者上下排的字体设计通常是一边高一边低，使文字能够错落有致排列。

字体创意设计虽然比较自由，但应保持字与字之间的统一性。一组字体设计中，应保持一种统一的变化规则，不然会造成杂乱感。

总之，电商人员进行产品的图文设计的目的是促进人与人的交流，是把产品推向消费者的最直观最真切的体验。在平面设计如此繁杂的今天，电商人员只有把文字图形化运用到自己的产品介绍中，才能使产品具有强烈的视觉冲击力，更便于消费者对产品的核心特征性能的认识、理解，最终促进产品的热销。

第 6 章

视觉转化：先吸睛，再吸金

在电子商务时代，视觉展现已经发展成为消费者接受产品信息的主要体现方式。

所谓视觉转化就是电商设计人员要以接受外界的视觉信息作为出发点，打破常规的设计方式，借助色彩和形式的不同组合，吸引和刺激消费者的感觉器官，进而让消费者在接触这类产品时产生强烈的心理体验，进而达到增强视觉传播力度的目的，最终促使他们对产品的消费。

再讲得直白些，视觉转化的核心就是先吸睛，在此基础上再吸金。

视觉转化的常规方法大致有 9 种，分别是色彩法、植入 GIF 法、植入短视频法、现场展示法、突出显示法、一体化法、销量展示法、意境展示法以及高清图像展示法。

6.1 四色优于双色，双色优于单色

在这个五彩斑斓的大千世界里，色彩使世界万物充满生机，也使我们感到眼花缭乱。商品网站的背景、文字、图标、边框、超链接等应该采用什么样的色彩，如何进行搭配，才能最好地表达出预想的内涵，这都是电商人员面临的新课题。

6.1.1　色彩搭配的重要性

色彩作为一种最普遍的审美形式，存在于我们日常生活的各个方面，如衣、食、住、行等。色彩也是吸引人的视觉的最重要因素，色彩的强烈对比尤其能够起到感染人的作用。所以在任何设计领域中，不同色彩之间的相互配合都是设计者设计的重点，合理的色彩搭配可以实现完美的艺术效果和无与伦比的商业价值。

淘宝网站是产品信息内容的存储空间模式，产品介绍得好坏直接关系到一个网站商家的成败，商品的色彩表现更是视觉传达的重要因素。所以，电商人员了解一些色彩知识是很必要的。

在这个竞争日趋激烈的商业社会中，不懂色彩设计理论的电商人员不可能促进自家商品的热销。你的眼睛就是你的裁判师，多看一些色彩感强烈的物体，让眼睛多吸收一些，你才能正确地设置好产品的颜色搭配。

6.1.2　电商产品配色小技巧

关于色彩的原理有许多，在此我们不可能一一阐述，大家可以看看相关设计书籍，有利于系统地理解。在此仅仅想告诉大家一些网上商城产品配色时的小技巧。

首先，选用两种色彩。先选定一种色彩，然后选择它的对比色。

其次，选用一个色系里的多种颜色。简单来说，就是用一个感觉的色彩，例如淡蓝，淡黄，淡绿；或者土黄，土灰，蓝。

最后，再强调一下产品介绍时的配色事项，具体内容如下：

（1）不要所有颜色都用，颜色的使用量尽量控制在3~5种。虽然说四色优于三色，双色优于单色，但并不是颜色越多越好。过多的颜色则会压住产品的主色调，不利于突出产品的宣传。

（2）背景色和产品的颜色对比差异要尽量大，最终目的是要突出产品信息。

（3）色彩要做到饱和鲜明。所谓饱和鲜明，就是讲在对产品进行图像说明时，色调要保持明亮清新，给人一种明朗欢快的感觉。这样消费者才会在快乐的心情下购买你的商品。

6.2 植入 GIF

GIF 就是我们常讲的动态图。在信息时代的今天，电商工作者利用 GIF 植入，进行产品宣传是很不错的吸金方法，是电商人员营销推广的新利器，这种方法可谓时代的新宠！

6.2.1 GIF 成为新宠原因

在图形设计中注意采用动态的敏感性体现视觉冲击力，比如，可以借助动态的人物、动物形象去吸引受众的注意力。再者，还可以采用图像的模糊效果吸引受众。好奇心是人与生俱来的，人们都希望看到真实的事物，因此那些模糊不清的画面形象会在更大程度上吸引人的注意力，诱发人的探究心理。电商人员可以充分利用这一心理特点植入 GIF。

因为搞笑，所以人们才会去注意，发现了字幕当中他们“不理解”的，他们就会去百度，而且愿意去将这个图片分享给其他人。在字幕当中，推荐大家加入与你的产品有关的关键词。要求就是，人们在百度这个关键词的时候，就能够准确、轻松地找到产品的相关内容。

所谓好奇害死猫。每个人都有好奇心，当一张搞笑的图片，字幕是符合情景的，但是其中有一个词他们不知道意思，不知道指的是什么，那他们就会去百度。

利用 GIF 动图来推广产品，对一名电商人员来讲是时尚而且赶潮流的，效果是很不错的。而且这个盈利的路线是很多元化的，你不仅可以为自己的商品推广所用，也可以利用自身的技术优势向其他商家提供这种收费服务。

6.2.2 GIF 创作技巧

接下来，具体讲解一下 GIF 素材选择的途径、选材的原则，以及 GIF 字幕的配合。

首先，讲解一下GIF的素材选择。GIF的素材一般来源于一些搞笑的视频片段，或是新闻、热点片段。除此之外，还可以自己去设计思路剪辑组合。比如将不同的电视剧片段剪辑到一块。用GIF动图做推广引流，核心就是让人们觉得有意思，进而关注到你的产品或你对自家产品做的广告宣传。

其次，素材的选择原则就是要么娱乐化，要么吸睛。在现代社会，生活节奏快，生活压力大，人们都想在业余时间能够过得欢快轻松，所以最好植入有趣的人或事，为他们的生活添些乐趣。GIF的素材选择如果能够秉着搞笑和吸睛的原则，那么你在GIF中做的潜在的产品介绍必然会受到人们的关注与热捧。

最后，讲解一下字幕与GIF的配合。要想效果好，你加入的字幕必须符合图片所营造的情景，要做到自然不生硬，而且搞笑娱乐。

6.3 植入短视频

当下，短视频的热度有增无减，并且越来越多的人意识到短视频行业存在很多红利，如何在短视频行业赚钱？又通过什么样的变现方式赚到更多钱？很多电商人员对此存在疑惑。今天就给大家讲解一下如何通过植入短视频促使电商变现。

6.3.1 短视频植入变现

所谓短视频植入变现就是电商通过发布短视频，植入自己的产品信息，并发布到网上、自家的网络店面中，通过消费者的点击获取流量，增加自家产品的热度，从而实现产品的销售。

优秀的商品短视频植入，能够起到事半功倍的效果，促使电商迅速变现。

优秀的短视频一般都能做到娱乐化，而且短视频的插入能够与宣传的产品做到无缝链接。

所谓娱乐化，就是不要过于严肃。短视频的题材可以选择适当恶搞的内容或丰富的斗图或搞笑的配音。

如果你在进行短视频插入时能够做到以上几点，那么你的短视频转化才会有最佳的效果。

6.3.2 短视频植入注意事项

下面讲解一下短视频植入的注意事项。

（1）同 GIF 植入一样，短视频的植入也必须遵循有趣的原则，而且要做到产品的植入与短视频毫无违和感。如果制作效果过于拙劣，会适得其反。

（2）以上方法，初学者可以尝试使用并反复练习，但如果要做得更专业，则需要找专业的团队制作短视频，为你的电商产品做进一步的宣传。

（3）短视频植入法并不适合所有的商品，不宜盲目跟风。比如重化工产品，就不太适合运用短视频植入法，会出现违和感。相反，短视频植入法非常适用于日用产品，如饮料、面膜、零食等就可以通过巧妙的短视频链接进行毫无违和感的宣传。

6.4 现场化：卖耳机要将耳机放在耳朵上

所谓现场化，就是讲电商人员在网上展示商品时要营造一种真实的现场场景，让人们有一种身临其境的感觉，从而使消费者能够最大限度地了解产品、喜爱产品、信赖产品并最终选择购买产品。

6.4.1 真实还原产品使用场景

淘宝商城有一家名为华胜天齐的数码专营店，该店面的主营业务是耳机。该店主是一个善于琢磨消费者心理的电商人员。他总是想消费者之所想，总是能够让消费者感到最大的实惠。他善于为消费者营造出一种现场购物的感觉，总是会凸显网上商品的现场感。他总是爱讲一句话："我是在网上卖耳机的销售人员，如果不能让买家真实感受到耳机的佩戴效果，只是一味地进行纯文字描述，买家早就没有耐心了。"所以他经常在网上找一些专业的、具有美感的配图（见图 6-1），来凸显自家耳机的真实佩戴效果。

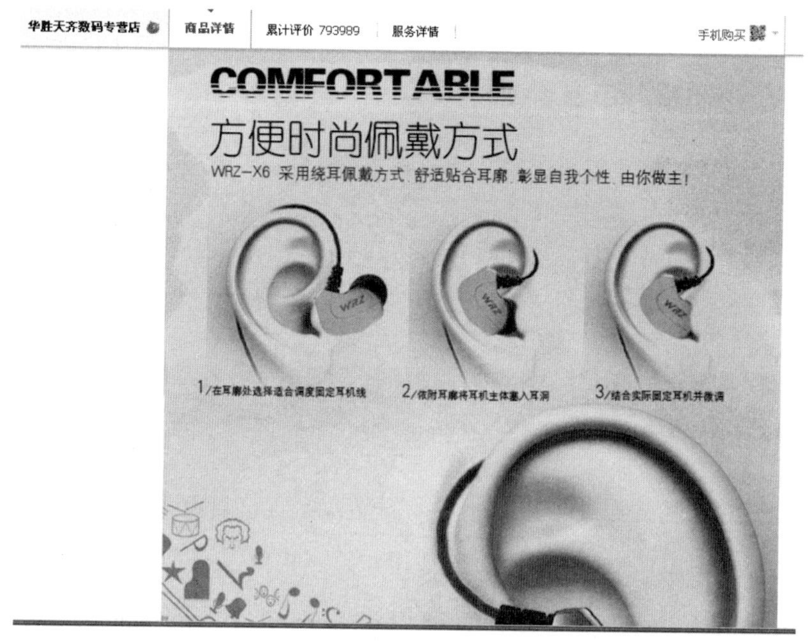

图 6-1　耳机佩戴在耳朵上

当买家看到这样的图示，就会直观地感受到耳机佩戴在自己耳朵上的真实效果。如果感到很满意，那么购买的概率就会很高。

6.4.2　现场化适用范围及注意事项

接下来，为大家介绍一下，现场化的适用范围及注意事项。

首先，现场化适合于装饰类产品，包括与人相关的装饰产品和与物相关的装饰产品。与人相关的装饰产品包括衣服、头饰配件、耳机等。与物相关的产品包括一些家居产品、汽车的配件装饰等。如果你在网上经营这类产品，一定要运用现场展示的方法，这样会达到事半功倍的效果。

其次，网上图片的展示一定要高质、富有美感，以便突出产品的真实效果。在电商时代，网络信息发达、图文信息也很发达。如今，更是进入了“读图时代”。如果你的商品的图片展示不够美观、高质、大方，视觉转化效果就不会很明显，销量也就很难提高。

最后，在图片展示时，也要有画龙点睛的语句凸显产品本质。只是一味地展示图片，缺乏关键性的文字说明，则会使消费者感到没有重心，反而会觉得迷茫。

总之，希望大家巧用现场展示的方法，最终促成产品的热销。

6.5 突出化：抗压就放在挖掘机下

所谓突出化就是指电商人员在产品形象展示时能够从纷繁复杂的思绪中紧紧抓住一个产品的新特点，并调动各种材料和加工手段为产品的销售服务，尽量使自家产品比其他电商商家的产品更明确、清晰和与众不同。

6.5.1 突出化展示核心要点

突出化展示的核心要点在于，突出产品的某一个与众不同的特性，从而营造出一种产品实力够硬的感觉，最终促使产品热销。突出化，有一个夸张的说法就是“抗压就放在挖掘机下”。大家都知道挖掘机的质量重、力道足、压力大，如果要展示抗压性，那么就可以和挖掘机一较高下。突出产品的某个特性，能更好地提升产品的性价比。

天猫商城有一家主营蓝月亮洗衣液的店面。该店店主在做产品展示的时候，总是把“深层洁净，更放心”作为首要优势进行说明，如图 6-2 所示。因为一般的洗衣产品只是简单地去除产品的表面污渍，很难深层去渍。而蓝月亮却能轻松做到而且还是自己的首要优势，从而促使蓝月亮的销量领先于同行。

与此同时，店主还做了一些形象化的视觉展示，通过系列主图来展示蓝月亮的深层去渍效果。当消费者看到这样的图片以及产品的深层去渍效果后，选择她家蓝月亮的可能性就更高了。

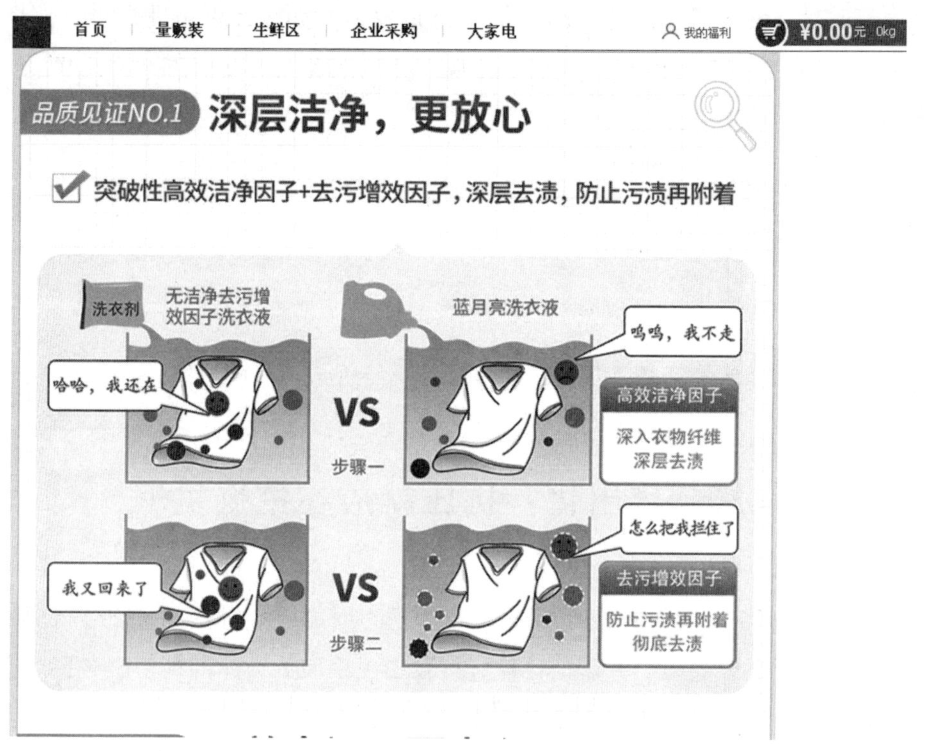

图 6-2　蓝月亮首要优势：深层洁净，更放心

6.5.2　突出化展示操作步骤

接下来，为大家讲一下突出化展示商品特性从而实现高效转化的操作步骤。

第一步，在产品的图文介绍面，优先突出自家产品的核心优势或与众不同之处，这样能够吸引消费者更多的关注目光。有了关注，收益也就不远了。

第二步，图片介绍一定要清晰明确，应配合产品的核心优势进行更形象化的说明。

第三步，文字的介绍也要注意语言的诙谐幽默或紧接地气、紧跟潮流。如果介绍文字过于生硬古板，即使有再好的产品优势，也难以达到说服消费者的目的。而诙谐幽默俏皮的语言则会使消费者在一种愉悦的心情下进行消费。

6.6　一体化：卖橱柜也要体现餐具

所谓一体化法就是整体综合法。整体综合法要求在系统分析的基础上进行系统的综合，整体综合法也是电商人员对产品进行视觉转化介绍时，最重要、最直接的一种方法。

6.6.1　产品与产品之间要一体化

电商人员在进行产品销售时，不要简简单单地把某个产品孤零零地展现在买家面前，而应追求整体功能的最佳效果。要使整体功能得到最佳发挥就要协调好自家店面产品与产品之间的关系。

天猫商城有一家柏优旗舰店，该店的主营产品是家用橱柜。该店店主非常理性，也特别懂策略。他擅长运用一体化的方法对产品进行整体的介绍，取得了不错的成效。

该店店主在网上卖橱柜时，总是秉持“卖橱柜也要体现餐具”的原则。在网上进行产品介绍时他也是这样做的，如图 6-3 所示。

图 6-3　卖橱柜也要体现餐具

正是由于他在卖橱柜的时候，并不仅仅是展现橱柜的外在特征，而是配以餐具，与橱柜进行完美的结合，从而一体化地呈现在买家面前。这样做，能让买家立即置身于自己的生活场景中，有一种身临其境感，从而产生对该产品的喜爱，并引发购买的欲望。

6.6.2 一体化的操作技巧与原则

接下来，分析一下一体化的操作技巧与原则。

首先，要有整体策划战略。例如，你是在网上卖床的，就要连同床上用品一同向买家展示出来，通过商品的互补性，进行商品间的完美结合，促进商品的销售。

其次，要学习商品的互补性知识。比如乒乓球拍与乒乓球就是互补商品，牙膏与牙刷同样也是如此。在运用一体化方法进行视觉转化时，考虑到商品间的互补规律，才能做到产品之间相得益彰，产品的销售效果才会事半功倍。

最后，整体综合法的关键是按照统筹兼顾的原则，采用定性或定量分析的方法，做到产品之间前后一致、左右平衡、结构完整，从而促成产品的最佳效果展示，从而促成产品热销。

6.7 销量展示：销售榜、好评图、买家图

所谓销量展示就是卖家在买家最终购买产品前通过产品的销量给买家一个直观的感觉。如果你的销量展示方法很到位，能够给买家一种良好的初次印象，那么你的产品距离热销就不远了。

6.7.1 销量展示的 3 种方法

电商经营常规的销量展示法有 3 种，分别是销售榜法、好评图法以及买家图法，如图 6-4 所示。这里需要进一步解释的就是买家图法。买家图法就是买家通过产品购买予以图片评价的方法。严格来讲，它是好评图法的一个分支。但买家

图以图片的形式展示，显得更加直观真实。

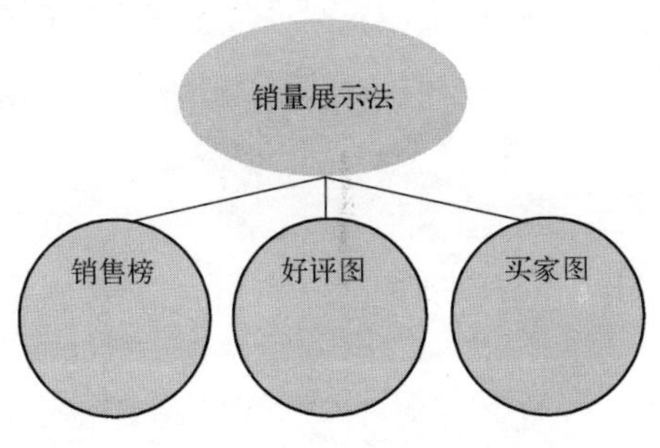

图 6-4　3 种常规的销量展示法

销量作为消费者购物的一个较重要的对比参考，电商经营者必须重视。但是销量展示法一定要秉持真实有效的原则，否则不仅无利可图，还会使店铺名誉和利益受损。

6.7.2　误用销量展示法的害处

接下来为大家举一个真实的案例来说明误用销量展示法为电商带来的害处。

小田是个主要经营鞋类的淘宝卖家，最近他进了一批人字拖，订货价和其他成本算下来，最终决定定价为 29.9 元。这款拖鞋一直卖得不错，买家评价也挺好，在主搜的搜索结果页也能排进前几页。可前不久，他发现自己在搜索结果页的名次下降得很快，有几个和他卖着同款拖鞋的新卖家倒是涨得飞快，他进入其中一家的宝贝详情页看了看，发现这个卖家才上架这款拖鞋短短几天，就卖出了小田近一个月的销量。原来这个卖家参加了站外某团购网站的低价促销活动，将这款鞋以 9.9 包邮的价格进行售卖。小田一咬牙，也报名参加了几个站外的低价活动。过了几天，看着自己猛涨的销量，再对比自己越来越多的亏损，小田苦笑，这一个夏天，又白忙活了。

这个案例旨在说明，销量展示法不能误用，更加不能为了销量的扩大而盲目跟风进行低价促销，否则会“赔了夫人又折兵”。

另外，销量展示的方法最好与好评法配合使用，这样产品的销量才会最佳。接下来，举一个真实的案例进行说明。

小笛是个新手买家，喜欢追随潮流，所以逛淘宝都采用销量排序的方式筛选商品。但是她常常发现，她进入某些销量很大的商品详情页后，一个巨大的销量数字摆在那，但是却没有任何评论，卖家的星级也很低，不知不觉，小笛心里生出了许多对淘宝和这类卖家的不信任感，她在淘宝购物的热情越来越低。

这个案例旨在说明，在销量展示上做足了功夫后，也要注意维持商家的好评。可以借用一些方法，比如评价立返现金××元，这样就会使产品的评价反馈率高一些。当你的评价反馈率高了，关注你家商品的人也会越来越多。

综上所述，销量展示法是一种很直观的吸引客流的方法，但是我们必须根据实际需要使用，不能盲目跟风，更不能从中作假。另外，产品销量展示法必须与评价法相结合。当然，对于那些刻意通过降价促销来使销量暴增的商家，我们不必与他们打价格战，而应提升服务水平，提高产品质量，提高我们运营的专业水平。因为商家最终都是赢在质量，赢在服务，赢在实力。

6.8 意境化：丝袜配女神，豪车配好景

意境是指一种能令人感受领悟、意味无穷却又难以用言语阐明的意蕴和境界。它是形神情理的统一、虚实有无的协调，既生于意外，又蕴于象内。

6.8.1 实物意境 VS 抽象意境

所谓意境化就是电商人员赋予自家产品一种独特的意境，使产品在这样的意境下，显得格外美、格外优雅，突出产品的独特魅力。只有当你的商品宣传达到商品与意境合二为一的境界，你的商品才会独树一帜、不拘一格，受到广大买家的喜爱。

意境展现有两种方法：一种是实物意境展现；另一种是抽象意境展现。

所谓实物意境展现是指通过现实的美景营造出一种美的意境，从而凸显商品的价值。常见的表现方法就是“丝袜配女神，豪车配好景”。通过气质女神的装

扮，显示出丝袜对于增加女性魅力的作用，从而拉动广大女性对丝袜的消费。通过美丽的风景的衬托，烘托出豪车的高贵与奢华，从而拉动富裕阶层对豪车的消费。

所谓抽象意境展现是指通过赋予商品一种独特的文化气息从而产生一种美的意境，体现出产品独一无二的美学价值。

接下来就为大家举一个真实的案例予以说明。

天猫商城有一家名为聿田一的旗舰店，该店的主营产品是床头装饰画。该店店主的产品介绍重在突出“意境”二字，如图 6-5 所示。他的床头创意画贵在突出山水气质，使家里显得格外有诗情画意。正是这样一份独特的中国风意境展示，促使他的产品热卖。

图 6-5　抽象意境床头装饰画

6.8.2　运用意境转化法注意事项

接下来为大家介绍运用意境转化法注意事项。

不同的产品应该区别对待。对于一些实用品，适合使用实物意境展现的方法，这样做会更加彰显商品的实用性和美感。对于一些装饰品或创意小饰品，适合使用抽象意境展现的方法，这样做会使商品显得更有情调更有人文价值。

6.9 清晰化：图片高清，无水印，无杂物

电商人员应保证自己店铺产品图片展示的清晰化。清晰化是视觉转化的首要标准。所谓清晰化，就是指你的商品的图片必须是高清的、无水印、无杂物。只有做到了这些，买家才会心情愉悦地欣赏你的商品。相反，如果买家看到一副很不像样的商品图片，他们很可能会立即离去，更不用说购买了。

6.9.1 图片清晰化的好处

接下来，为大家讲解一下图片清晰化对于电商人员的好处。

一方面，可以提高用户的浏览体验度。大小不一、规格不一、图片清晰度极差、图片表现力说服力不强的图片特别影响产品形象。如果站在用户的角度考虑，你若是看到一张模糊不清的图片，轻者你会直接关闭网站，重者就不会再去此网站，所以，一张清晰明了的图片的确很重要。

另一方面，可以提升商品的视觉转化率。电商时代也是读图时代。商品的图像展示就相当于商品的脸面。高清的图片仿佛面容白皙的漂亮美人，会使人有赏心悦目的感觉。如果你的商品展示图片不仅清晰而且原创新颖必然会提升你的商品的视觉转化率，最终促进商品的热销。

6.9.2 产品图片优化注意事项

接下来，为大家介绍一些在淘宝等商城产品图片优化的注意事项。

首先，提起简单图片优化，我们首先想到的必然是 ALT 属性，其主要功能就是为图片注释，其中融合关键词元素，可以提升产品的关键词密度和展示量。同时，可以在网速不佳的状态下，让买家了解到不能够显示的商品图片信息。

其次，最好采用图文结合形式。因为此种形式更能够留住买家，促使买家继续浏览，加深买家对商品信息的了解。

最后，在简单的图片注释不能够完全体现买家意图的时候，我们还可以为图片增加超链接，进行相关内容的推荐，这样可以降低页面跳出率，增加页面停留时间，从而进一步提高商品的视觉转化效果。

希望以上方法能够在你进行网站商品图片设计时对你有所帮助。

第7章 促销转化：借热点、庆典，聚人气

促销就是营销者向消费者传递有关本产品的各种信息，说服或吸引消费者购买其产品，以达到扩大销售量的目的。

促销实质上是一种沟通活动，即营销者发出刺激消费的各种信息，把信息传递给一个或更多的消费者，以影响其态度和行为。

促销转化就是通过各种促销活动，吸引消费者的注意，使其关注你的商品，最终购买你的商品。在电商时代，电商人员应在适当的时机运用适当的促销技巧，提升转化率。

促销转化的方法有很多。常规的促销转化形式为借热点、借庆典。下面就对此进行详细讲解。

7.1 限时：情人节当天购物，全场8.8折

限时促销是淘宝提供给卖家的一种店铺促销工具，订购了此工具的卖家可以在自己店铺中选择一定数量的商品在一定时间内以低于市场价的价格进行促销活动。活动期间，买家可以在商品搜索页面根据“限时促销”这个筛选条件找到所

有正在打折的商品。

7.1.1 限时促销的好处

作为一名电商人员，必须学会限时促销的转化方法。因为这是一种灵活机动的策略，而且对于提升商家的活跃度很有帮助。我们经常看到的限时促销活动就是借助节日庆典进行限时打折。例如，情人节当天，许多淘宝商家都打出“情人节当天购物，全场 8.8 折”的促销口号。而且很多淘宝商家都在这一天取得了不错的收益。

接下来，为大家分析一下限时促销的好处。

第一，可以提高电商产品的转化率。限时促销活动可以把更多流量转化成有价值的流量，让更多进店的人购买。

第二，店家可以提升店铺流量。通过参加促销活动、上促销频道推荐、上店铺街推荐，店铺流量会有明显提升。

第三，限时促销活动可以吸引更多人的关注，从而引发他们下订单，从而提高店铺整体交易额。

7.1.2 限时打折规则

下面为大家介绍一些限时打折的规则。具体内容如下：

（1）限时促销活动时间不能少于 3 小时。如果时间太短，那些工作忙的顾客会没有时间进行购买，这样不利于产品的促销。

（2）参与限时促销的商品要做到，上架时间尽量早，下架时间尽量晚。只有这样做，才会让顾客有更多的时间参与活动，同时也可以增加限时促销产品的销量。

（3）每个活动添加的商品数不宜超过 20 个。如果参加活动的宝贝过多，则会分散消费者的注意力，使消费者犹豫不决，这样反而不利于产品的促销。

（4）为增加新鲜度，达到最佳效果，每个卖家每个月的总活动时间最多为 10

天。一个商家如果总是搞限时促销，会让消费者失去新鲜感，不利于商品的进一步销售。

电商人员要合理利用这些规则，在合适的时间进行限时促销，最终促使产品热销。

7.2 限量：前100名，可7折购买

所谓限量促销是指淘宝商家要抓住消费者别具一格的消费心理，利用物以稀为贵的道理来销售限制数量的商品，吸引追求个性的消费者。限量促销法就是灵活运用供求杠杆，给消费者制造紧俏心理，促进销售。

限量促销的常用方法是“前××名，可享××折优惠”。虽然这种方法已经成为一种商业营销套路，但这种方法的转化效果依然很好。

7.2.1 限量促销的优势

这里先为大家讲解一下限量促销的优势。具体内容如下：

(1) 限量促销会给消费者一种稀少的感觉。凡事总是讲究物以稀为贵，商品越少，越能刺激消费者的购买欲。

(2) 限量促销能够满足消费者爱炫耀的心理。当拥有别人很少拥有的商品时，消费者会产生一种优越感。如果限量促销能够很好地刺激消费者喜欢炫耀的心理，必然会促进商品的热销。

(3) 限量促销能够满足消费者追求个性化的心理需求。现代消费者的需要已从“拥有大家都有的东西”转变为“拥有别人都没有的东西”，即强调个性化的倾向越来越显著。随着消费者水平的提高，人们越来越有条件、有能力来追求个性。所以，追求个性化商品的趋势也越来越明显地要求限量销售，这不仅能满足消费者追求。与众不同的心理，同时也能促进产品的销售。

7.2.2 限量促销的注意事项

接下来，为大家讲解一下限量促销的注意事项，具体内容如下：

(1) 日用性的生活类商品不宜采用限量促销法。假如你在网上销售洗发水，而且打着前100名有优惠的旗帜，最终的效果应该不会太好。毕竟洗发水不属于稀有商品，不会给人造成一种心理上的炫耀感。

(2) 高档奢侈品是非常适合使用限量促销法的，如款式新潮的名服、名表、车、工艺品等。因为消费者可通过购买并拥有这种商品来显示自己、炫耀自己。

(3) 当限量促销的商品销量过高、日益畅销时，应当停止使用这种方法。因为频繁地使用会造成此商品的稀有价值度降低，从而失去对消费者的吸引力。

7.2.3 限量促销操作关键

下面同大家分享一下限量促销操作关键，具体技巧如下：

(1) 作为电商，你的商品应以独具特色。只有当你的商品能够做到他家少有，本家独具特色，那么配上限量销售的方法，你的商品的销量会增加迅速。如果做不到这样，你限量销售就只能是无人问津，甚至亏本经营。

(2) 使用限量促销法要善于统筹全局。就是讲当你对自己的商品进行限量促销时，要综合考虑网上其他商家的反应，并根据情况做适时的调整。

(3) 使用此方法，要抓住自己产品的独一无二性，并加大宣传力度。当你对该产品的独特性进行了成功的说明，配合限量销售法才会使产品在销量上做到一枝独秀、特色鲜明，最终促使产品的销售走向成功。

希望以上的技巧或方法能够使你在限量促销的道路上越走越长远。

7.3 会员特价：会员享受折上折

在商业竞争日益激烈的电商时代，电商人员一定要学会使用会员制度，来拉近与消费者的距离。会员营销在本质上属于一种情感营销，相应地，会员特价在本质上属于一种情感价格。会员制度下有很多种对消费者优惠的方法，会员特价就是其中一种。

7.3.1 会员特价潜在优势

所谓会员特价是指会员享有优先和优惠权利。当消费者成为商家的会员后，在购买商品时可以享有优先消费权，以及相当程度的价格优惠甚至折上折等超值优惠特权。

会员特价其实还有很多潜在的优势，具体内容如下：

（1）会员特价能够使会员比普通消费者从商家处享受到更多的折扣。

（2）当会员从会员特价消费中尝到甜头之后，就会对会员制度产生依赖感，长此以往会提高他们的忠诚度。这样电商人员必然会有老顾客的照顾，业绩必然会好。

（3）会员不仅能够享受到实实在在的折扣，而且还能享受到 VIP 服务，从而让会员有一种优越感。

7.3.2 会员特价促进销售

接下来，为大家分析一下电商商家如何使用会员特价这种方法来促进营销。

首先，当持会员卡的消费者在消费时，商家要给予更充分的价格优惠。除此之外，商家还要多对会员实施优待日活动。总之，电商商家要通过各种活动给予会员多方面的优待。

其次，电商商家还要为会员提供各种服务项目，以满足会员的不同需求。在现代社会，消费者购买的不仅仅是产品，更是一种服务。商家倘若对会员都不能提供充足的服务，更何况非会员呢？长此以往必定会影响商家的信誉，不利于产品的营销。

再次，电商商家为了提高会员的活跃度和忠诚度，可以建一个微信群，通过群聊进行互动，或在群里进行互帮互助或者其他的一些游戏娱乐活动，通过生活的共享进一步提高你与消费者之间的感情，最终提高会员对你的忠诚度，促进产品的销售。

最后，在技术层面上，当会员进入你的商品界面时，要显示出会员的图标。这样会使会员产生优越感和荣誉感，进一步增加对你的忠诚度。

7.4 买 A 送 B：买计算机送键盘

买 A 送 B，就是当消费者购买一件商品时，作为商家的你为了促使产品的销售，另送他一件商品。

电商中常见的买 A 送 B，如买计算机送键盘，买手机送耳机、U 盘或钢化膜，买鞋子送袜子，或者是在网上买电话卡送电话费等。

其实，通过仔细观察，你就会得到这样的规律：买 A 送 B 的核心在于 A 商品与 B 商品是互补型商品。

倘若，你是一个淘宝卖家，你经营的产品是袜子，而你却宣传着“买袜子送菜刀”这样的话语，必然会贻笑大方。暂不论你是否盈利，就一个这样的宣传标语就会使一般的消费者感觉到你有些不正常，从而也会对你的产品的质量产生怀疑。

综上所述，当你用买 A 送 B 的策略进行产品营销时，一定要注意 A 商品与 B 商品之间的互补性原则。如果利用得好就会促使产品大卖。如果运用得不好，产品之间驴唇不对马嘴，反而会对自己的产品产生负面的影响，最终影响产品的销售。

7.5 买 A+1 送 A：加一元送一件

所谓买 A+1 送 A，就是说电商要合理地利用消费者追求实惠的心理，并根据自己的产品信息，在合适的时机，进行加一元送一件同样产品的促销活动。

小奇是一名淘宝电商人员，他的主营产品是衣服。他非常善于琢磨消费者的购物心理以及自家商品的市场行情。在夏末秋初，天气逐渐转凉时，他考虑到夏季还有很多衣服没有销售出去，造成一定的产品积压，又考虑到刚刚初秋，夏季衣服还有一段时间的销售期，于是他就打出了“买一件短袖衬衫，再多加一元，立赠一件同款衬衫”的宣传语。没过多久，他的夏季衣物就全部销售完毕。而且最终算下来，也并没有亏钱，反而还有不错的利润。

纵观小奇的案例，为大家说明一下“买 A+1 送 A”这种促销转化的注意事项：

（1）这种方法适合于换季产品的促销。倘若产品正处于销售的旺季，你就打出这样的招牌，那么即使你的销量很大，那么你也是处于亏本状态的。

（2）本方法的使用必须立足于产品质量优良。作为一名电商，你必须遵循诚信经营的原则。倘若你打着“买 A+1 送 A”的口号，虽然也践行了承诺如期发货，然而你的产品却是残次品。从短期来看，你是小赚了一笔，但从长期来看，必然会对你的店面名誉造成不好的影响。

（3）本方法也必须遵循真实无欺的原则。有些淘宝商家打着这样的口号销售产品，然而在发货时却不遵守诺言，只发了一件货物。这样做如果遇到维权意识不强的消费者，你或许能够蒙混过关，倘若遇到维权意识较强的消费者，必然会对你的店面进行举报，后果可想而知。这样做无异于捡了芝麻，丢了西瓜。

综上所述，好的方法应当应用于好的时机，并秉承诚信经营的原则，这样你的电商生意才会红红火火，长久不衰。

7.6 第二件折扣：第二条五折

第二件折扣，其实也是淘宝店家拉动消费者消费，增加产品销量常用的方法。所谓第二件折扣，就是你买第一件商品时是原价购买，买第二件商品时商家就会给你一个折扣优惠，或七五折或五折。

7.6.1 第二件折扣的好处

作为电商人员你应当明白第二件折扣的真实好处何在。有些电商人员认为第一件原价卖出利润也并不高，第二件再打折卖出，总觉得是亏了。其实不然，你应当立足于整体考虑。当你都是原价销售时，人们一次只买一件，而且由于价格高，消费者总要货比三家，最终才选择购买，这样你的商品往往只是消费者眼中的过客，而不会是他们最终要购买的商品。当你打出第二件折扣的优惠措施后，人们就会考虑到有利可图，于是会争相购买。这样最终你会是薄利多销，而不是看着商品积存在库中。

综上所述，第二件折扣既是对消费者有利也是对商家有利的一种促销转化措施。电商人员一定要投消费者所好，抓住时机，巧妙地运用这一转化方法，促进产品的销售。

7.6.2 第二件折扣使用规律

接下来，为大家介绍第二件折扣的使用规律。

（1）第二件折扣的方法适用于一些热销产品，或令消费者喜爱的产品。比如畅销的图书、味道纯正的红酒等。这些商品一方面是消费者所需要的，同时也可以作为礼品送给亲朋好友，运用第二件优惠的方法，可以说正中消费者下怀，最终必然会促使产品的热销。

（2）第二件折扣的方法适用于一些高档礼品。礼品表示的是一份心意。买家买礼品就是图个实惠。如果花少量的钱能够买到更多的礼品，那么就能够送给更多自己所关心的人。

（3）第二件折扣的方法适用于重要节假日。节假日，亲朋好友之间礼尚往来比较多。在这个时刻打出第二件折扣的宣传，简直会使消费者乐开花。

总之，希望作为电商人员的你能够灵活使用第二件折扣的方法，抓住消费者追求物美价廉的心理，在合适的时间使用这一促销转化方法，必然会大有成效。

7.7 满 A 送 B：购满 499 元，送耳机一个

满 A 送 B 是说，当消费者在你的网上店铺买够足元的商品后，你另送一件相关的商品给消费者。在电商时代，这种方法更是屡见不鲜。

电商时代，生意的竞争激烈程度不言而喻。淘宝网、京东网、各种网上商城的各种商业产品广告简直是铺天盖地而来。面对如此琳琅满目的商品，消费者则需要在网上一一进行浏览，最终选择他们中意的商品进行购买。

对消费者来讲选择面是大了，但对于电商来讲，竞争压力也相当大。此时选择一种合适的促销转化方法是成功的关键所在。

满 A 送 B 从整体上来讲是一种不错的促销转化策略。但在运用的时候要注意以下相关事项：

（1）这种方法适用于中高端产品。如果你只是在网上卖袜子或卖一些普通零用副食产品，便不宜采用这种方法。这里所讲的中高端产品是指价格在 500~1000 元之间的产品。比如网上的一些质量较高的服装产品。对于这类商品，店家可以自行设置满××元送××商品的活动，从而促进商品的促销。

（2）所送产品必须能够满足消费者的需求。需要才是消费者购物的基础，倘若你送的产品不伦不类，没有附加的价值，那么消费者也是不会买账的。比如消费者在你家店铺买了一件价值千元的棉衣，而你却只送了一双袜子，那必然不会有好的效果。其实你可以赠送一件较为有名气、价值相对较高的腰带作为赠送品。这样买家的购买欲望会更强。

综上所述，对于这种方法，电商需在考虑消费者真实需求的基础上，结合自家产品的价格定位，制定合适的产品赠送策略。

7.8 满 A 抽奖：购满 1000 元，可参与抽奖

满 A 抽奖就是当消费者在你的商铺里购买了足值的商品后，你给予消费者一次抽奖的机会。这种方法在现代社会其实是一种比较有效的促销转化方法。

7.8.1 设置店铺抽奖的方法

现代社会，电商在网上做一个简简单单的抽奖活动是极其方便快捷的。这个方法一方面能够增加电商页面的浏览量，另一方面能够激发消费者的好奇心理，以及追求获得奖品的兴奋感，最终促使消费者购买你的产品。

接下来以淘宝为例，介绍一下电商设置店铺抽奖的方法。

淘宝卖家是可以设置店铺抽奖的。抽奖有两种，一种是针对所有的访客，一种是针对已经购物的老用户抽奖，这两种你都可以通过后台来安全操作。

（1）进入卖家中心——营销中心——店铺宝箱：店铺宝箱就是一个店铺抽奖活动，所以进店的用户都可以抽奖，奖励可以是淘金币、优惠券、红包或者是现金以及其他一些商品。

（2）进入卖家中心——服务订购——抽奖：付费的订购应用很多，功能也很全，你可以进行全方位的学习。

7.8.2 满 A 抽奖注意事项

下面再来介绍一下满 A 抽奖的注意事项。

（1）奖品必须是有趣或有附加值的物品。倘若奖品是一些无足轻重的商品必然会使消费者感到索然无味。当不感兴趣时，他们也就不会选择你的商品。

（2）这类方法适用于中高端商品。比如你是在淘宝上销售手机的，你可

以设置一个抽奖环节，奖品的设置可以是红包或现金或其他与手机相关的产品。

（3）奖品的设置必须分开档次。比如设一、二、三等奖，中奖的概率不一。

（4）如果你的产品设置的抽奖门槛较高，则中奖率也要适当高一些。否则，消费者会感觉受到了欺骗。

7.9 满 A 减 B：购满 3999 元，减 999 元

所谓满 A 减 B 就是当买家在你的店铺里买了价值××元的商品后，你立即给买家减免××元的促销转化方法。

淘宝店面满减效果图文展示如图 7-1 所示。

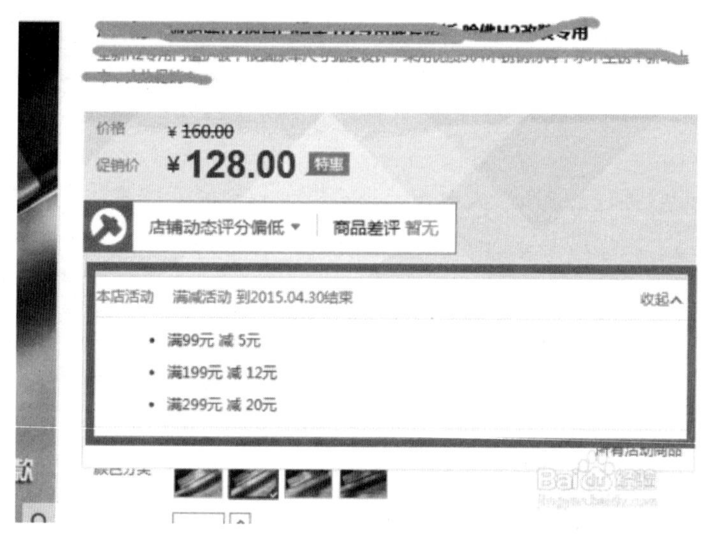

图 7-1 淘宝店面满减效果图文展示

7.9.1 满 A 减 B 注意事项

满 A 减 B 这种促销转化的方法更容易使买家心动。毕竟买家想买的就是个实惠。满减就是以低廉的价格吸引买家注意的目光，从而在最大限度上促进商品的

促销转化。

接下来，为大家介绍一下使用这种方法应注意的事项：

（1）这种方法的适用范围比较广。无论你是在网上销售豪华奢侈高端产品的卖家，还是销售一些日用品的卖家都可以利用这种方法进行商品促销。差别在于价格减免的多少。

（2）这种方法更适用于商品的团购。比如你为了促使自家产品的营销可以给出一个团购价格，这样买家为了更多的优惠也是会优先选择团购的。

（3）这种促销方法也需要秉持适度适量的原则。如果总是进行减免，买家会对你的商品质量产生怀疑，会认为你家的商品质量不如人。

7.9.2 满 A 减 B 操作步骤

接下来，我们讲一下具体的操作步骤。

第一步，打开浏览器，输入天猫网址，单击左上角的“登录”按钮，输入账户密码登录淘宝账户。

第二步，登录上淘宝账户之后，在右上角位置找到“商家中心”单击进入。在商家中心页面上左侧位置找到“营销中心”—“天猫营销工具”，如图 7-2 所示。

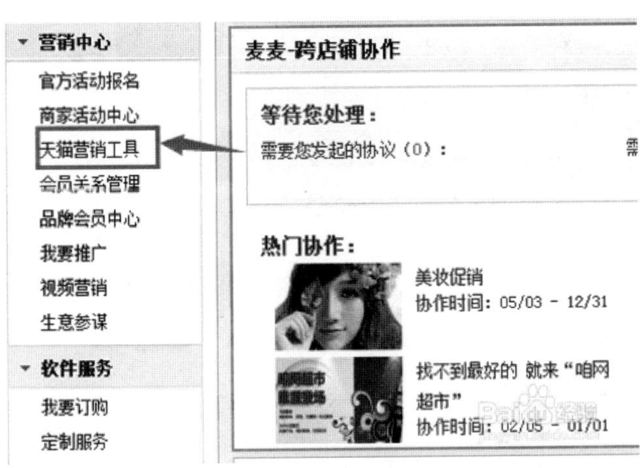

图 7-2 天猫营销工具

第三步，在天猫营销中心中找到“店铺优惠”的插件，可以通过此插件进行店铺优惠活动的报名。当报名成功后，你就可以相应地来设置店铺的满减/满赠/满折等活动了，如图 7-3 所示。

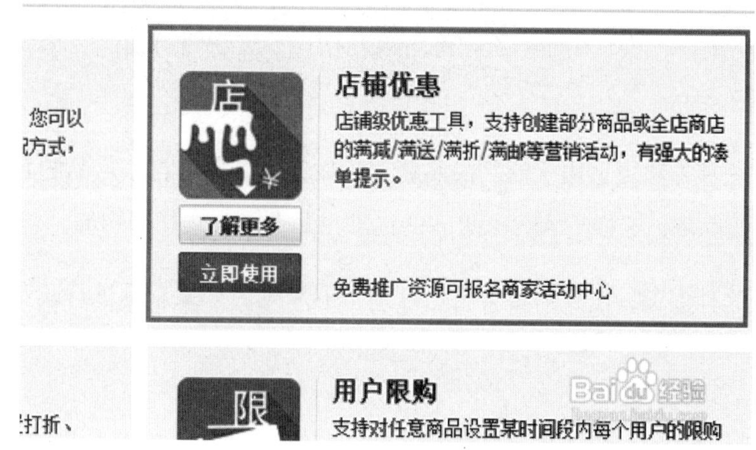

图 7-3　店铺优惠

第四步，在店铺优惠下有一个“新建店铺活动”的选项，单击“新建店铺活动”按钮，就可以为你的商品进行专门的活动介绍了，如图 7-4 所示。

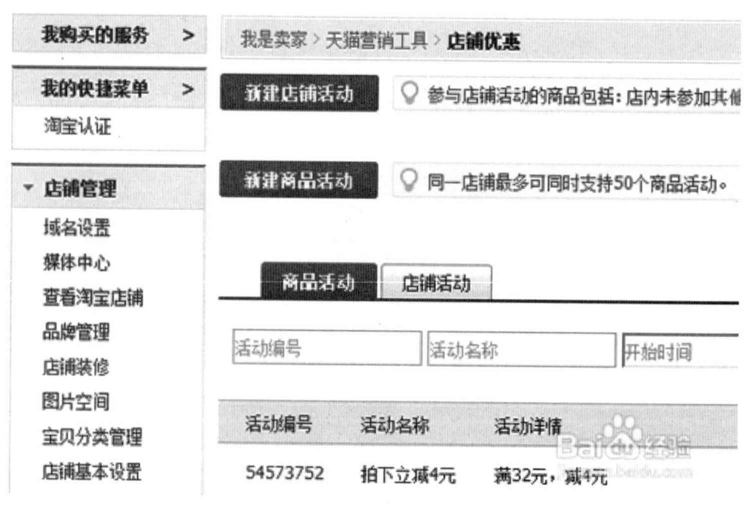

图 7-4　新建店铺活动

第五步，此时便可以在新建店铺活动的页面下设置满减活动，还可以设置活动时间等，如图 7-5 所示。

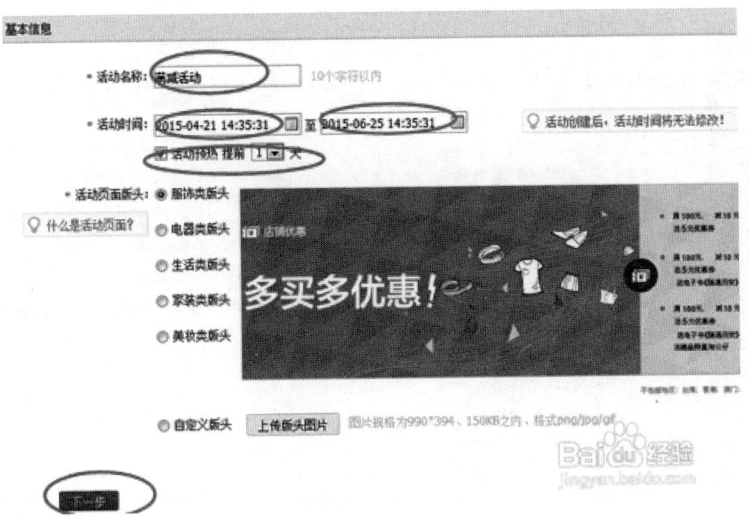

图 7-5　进行商品活动与时间的设置

第六步，单击“下一步”之后可以看到设置优惠条件的页面，可以设置优惠门槛和优惠方式，也可以增加一级优惠，各个卖家可根据自己的情况进行设置，如图 7-6 所示。

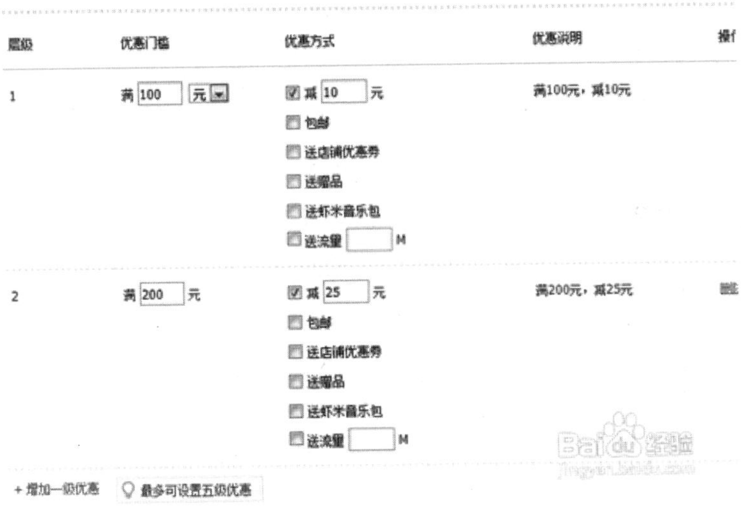

层级	优惠门槛	优惠方式	优惠说明	操
1	满 100 元	减 10 元 包邮 送店铺优惠券 送赠品 送虾米音乐包 送流量 M	满100元，减10元	
2	满 200 元	减 25 元 包邮 送店铺优惠券 送赠品 送虾米音乐包 送流量 M	满200元，减25元	删除

+ 增加一级优惠　最多可设置五级优惠

Baidu经验 jingyan.baidu.com

图 7-6　进一步优化设置

第七步，当所有的步骤都设置完成之后，可以点开店里的宝贝查看设置的活动，在宝贝详情页面右侧部位宝贝标题下面就可以看到了，如图 7-7 所示。

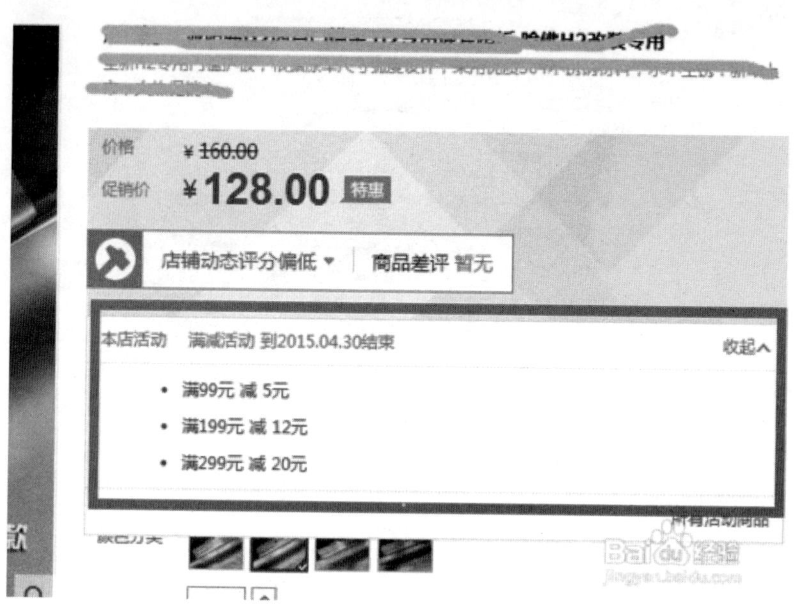

图 7-7 最终设置后的图文展示

希望以上方法对于电商人员有所帮助，同时也希望你们通过这些满减活动进行一波又一波的促销转化活动，最终商品热销、生意兴隆。

7.10 传统节日：六一购物送礼品

节假日营销也是电商人员常用的一种促销转化活动方案。利用传统节日进行营销就是比较好的方法。例如，在六一儿童节，电商人员可以考虑卖商品赠送儿童礼品等。

7.10.1 节假日营销 4 大特点

节假日营销是与常规性营销活动不同的一种特有的营销方式。节假日营销有以下四大特点：集中性、突发性、反常性和规模性，如图 7-8 所示。

所谓集中性是指在节假日当天，产品会集中大量销售。所谓突发性，是指节假日或特殊节日营销是一种临时的营销方案，需要将突发性时间因素考虑进来，而不能简简单单地把它看成一个普通的日子，和平常的营销没什么区别。所谓反

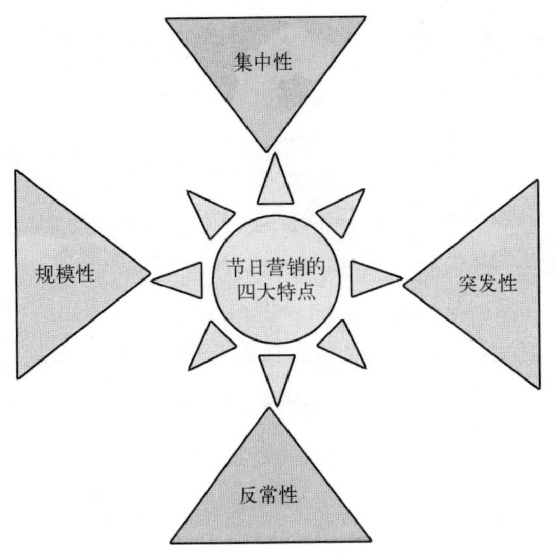

图 7-8　节日营销的四大特点

常性是指节假日是一个非常特殊的日子，要一反往常。所谓规模性，与集中性很像，是指节假日当天的产品销售会很集中达到规模销售的效果。

节假日营销考虑的因素很多，但在众多的因素中，必须做到营销有针对性、分清主次，只有重点明确、层次清晰，买家才会对你的产品一见倾心。

7.10.2　节假日营销具体策略

接下来，就为大家讲解一下节假日营销的具体策略。

（1）要突出促销主题。促销活动贵在耳目一新，因此有个好的促销主题是必不可少的。通常来讲，节日的促销主题设计有三个基本要求。首先是要有吸引力，让消费者产生兴趣，只有当买家有了兴趣才会进一步地看你的营销手段。其次必须要有冲击力，所谓冲击力就是指你的节日营销要让消费者看后记忆深刻。最后，你的主题词设计必须简短易记。

（2）要明确节假日促销的目标。一个节日营销活动的包容面非常广，因此一个有针对性、分清主次的目标是必不可少的。

例如，春节送礼是中国人的民俗，所以电商人员在春节进行产品销售时要注意推出礼品装，为自己的商品营造一种吉祥欢乐的感觉。另外，除了迎合喜庆的节日文化氛围，还应该考虑到消费者希望经济实惠的消费心理，设计的活动切不可只注重出彩，更应该切实让消费者感到实惠。

（3）要关注促销形式。世界上促销的方式有千千万，但重视细节创新的促销方式必定会是最好的。要根据节日的特点，适时地使用现场秀、买赠、折扣、积分、抽奖等节日促销形式，同时突出促销形式的节日特色。

（4）要把产品卖点节日化。电商人员要根据不同节日情况、节日消费心理行为、每种产品的特色节日市场和消费者节日的现实需求，为自己的产品推出一种适合该节日的营销新思路。只有这样才能顺利打开节日市场通路，迅速抢占节日的广阔市场。另外，产品节日化的实现，要注重产品的营养化、主题化、休闲化这三个特点。要做到这些就必须重视产品的创新包装。包装既要别具一格，又要实用。

7.11 庆典：十周年庆典，全场大派送

常规的庆典促销有三种，分别是节庆活动、纪念活动和典礼仪式。

7.11.1 什么是庆典促销

庆典促销是淘宝电商在举行周年庆祝活动的时候，屡见不鲜的促销活动策略。其目的是在促销产品的同时，提高自家淘宝店的知名度。我们常见的庆典促销的方式就是“×周年庆典，全场优惠大派送”。借助庆典进行打折促销确实是一种薄利多销的转化方法。

庆典促销对于提升淘宝店铺知名度是非常有效的。一方面，庆典促销有利于提升商品的知名度，树立商品的良好形象，也可以是一种很不错的公关宣传。另一方面，庆典促销还可以加强与公众的联系，以提升产品的知名度和美誉度。

7.11.2 庆典营销的技巧

接下来，为大家分析一下淘宝电商进行庆典营销的技巧。

首先，电商的促销方案要科学。我们常讲“不打无准备之仗”，搞好节日促销，同样也需要事先做好充分的准备。要把各种因素考虑周到，尤其是电商销售和服务人员，必须业务素质高、服务态度好，否则会引起消费者不满，使庆典活动效果大打折扣。

其次，电商庆典营销活动必须有量的指标。可量化的指标通常有销售额、市场占有率、毛利率等。如果每一步都计划周全，且可操作性强，庆典营销活动便完成了一大半。

最后，电商对庆典促销活动的设计一定要讲究。如果在同一时段某一个同行业的商家也在进行庆典促销，那么尽量不要为了销售量而和对手打价格战，应该独辟蹊径，突出自己的优势和卖点，应该坚持自己举办庆典促销活动的初衷，不仅仅是为了提高销量还是为了对自己的产品进行一种良性宣传。如果陷入不良竞争中，将会对你的产品和你的店面造成不好的影响。

综上所述，希望电商经营者在制定庆典促销转化方案时一定要突出自己的产品亮点，以最低廉的价格吸引人，以最优质的服务打动人，最终取得庆典促销的成功。

7.12 国外节日：圣诞节最新大礼包

节日营销是一种一举两得的促销转化方法，既能促进产品的销售，又能提高产品的知名度。

常言道，“外来的和尚会念经”。在中西方文化相互融合的时代，在电商经营成为大势所趋的年代，电商也要越来越重视西方的节日，利用现在人们崇尚“洋节”的心理，进行一系列的节日营销。常见的就是借助圣诞节、情人节进行节日产品促销。

接下来，为大家讲解利用国外节日进行促销的注意事项。

首先，外国节日必须是大家耳熟能详，而且在中国比较流行的节日。圣诞节现在在中国比较流行了，但是万圣节在中国却不怎么流行。如果你借助万圣节对自己的产品进行节日造势，在目前来讲必然不会有很好的成效。

其次，利用外国节日进行产品宣传，必须突出外国节日的特色。比如要在圣诞节当天为产品进行宣传，可在淘宝店面设计一些比较精良的圣诞老人头像。或者，可以在圣诞节当天，在淘宝页面写上“购买商品，赠送圣诞精美礼品一份”的标语，进行促销宣传。

最后，利用外国节日进行宣传的商品，一般要与西方文化挂钩。比如你在网上经营男士西服，你就可以打着“男士优质西服，仅圣诞七折”的口号，促使广大买家争相购买。但是倘若你是在网上卖唐装的，却打着圣诞打折的口号，就是极为不可取的。一般来讲，爱唐装的消费者都很喜爱中国传统文化，他们对西方节日的热爱程度往往不会太高。如果这样做，会适得其反。

7.13　生日：生日当天，凭身份证5折

生日促销是现代社会电商经营圈中一种比较新颖的促销转化方法。目前来看，以生日为主题的营销策略越来越受到电商的欢迎。

7.13.1　生日促销的好处

不可否认，大部分人非常注重自己的生日。生日是独特的，也是有意义的。因为在生日当天，我们不仅可以回顾过去的风雨兼程、点点滴滴，也可以憧憬更美好的未来。

电商经营者从消费者的生日中所获取的不仅仅是以上这些。他们可以借生日营销的机会和老顾客、新顾客以及潜在顾客进行更加充分的交流和感情联络。联络感情的方式不仅仅是发送祝福，更可以制定出个性化的营销方案。

7.13.2　生日促销注意事项及技巧

下面就为大家介绍一些电商时代生日促销的注意事项及技巧。

首先，生日营销是一种非常有效的促销策略，也是一次很好的产品促销机会，还是提升消费者的品牌忠诚度和回头率的策略。前提是，电商人员必须善于对在自家店面购物的买家信息进行统计，时常与买家进行交流，阐明你索要生日信息的目的，并且积极使用生日营销的策略。当发现老顾客中有当天过生日的，电商人员就可以积极主动地与其联系，进行产品的优惠促销。

其次，社区网站的蓬勃发展为提高买家忠诚度提供了一个新的契机。电商人员要学会运用各种社交网站（比如微信和 QQ 平台）收集客户的兴趣、爱好和特长等信息。每个消费者都希望他们能够被当作上帝一样来对待，而你通过这样一个行为就可以让他们知道你是真诚地在关注着他们，并且是真心为他们着想的。

最后，在做生日促销时，你的产品要尽量显得时尚流行。所谓时尚流行，就是你的产品销量多、口碑好，而且能够自带“名人光环”。这样的产品与生日促销转化相结合必定夺人眼球、销量倍增。

7.14 星期：每周六上新品，有折扣哦

周末促销一直都是比较热门的促销转化方式。周末人们的闲暇时间多了，为丰富业余生活，很多人都会选择去购物消费。如果周末打出适时优惠的促销策略，必然能吸引人们的关注。在电商时代，电商人员应该更加关注周末营销。

小风是一名淘宝电商人员，他的主营产品是太阳镜。他非常善于做周末营销。他总是把自己的淘宝店面的主题风格设置得很吸引人，比如“周末了，低价买买买”，又比如“每周六上新品，有折扣”等。通过这样的周末促销方法，他的产品销量远远高于同行。

接下来，给大家介绍一下周末促销法的使用技巧。

第一，要为你的产品设计一个比较好的周末宣传封面。好的商品介绍封面，往往有吸引人的标题和靓丽的图片展示。如果你能两者兼备，那么你的周末促销就成功了一大半。

第二，周末宣传的产品必须新颖多变。如果你每周周末的宣传产品就只有一种，那么买家必然会产生心理上的倦怠心理和视觉上的审美疲劳。时常保持商品的新鲜感，会给买家一种全新的体验，买家也更会跃跃欲试。

第三，周末宣传的促销产品质量必须过硬。如果只是为了低价促销，为了获取利润，而违背良心销售一些残次品，那么最终会砸了自己的招牌，得不偿失。

综上所述，优秀的电商应该有敏锐的视觉观察力，积极使用周末促销法，销售高质又新颖的产品，这样才会名利双收，逐渐成为人生赢家。

7.15 特殊号：每月 9 号，有礼品

特殊号促销就是产品只在每个月里某个特殊的日子打折销售。这种方法，其实类似于节日促销，但又不完全一样。节日促销虽然也是在某个特定的日子，但特殊号是每个月都固定在某一天进行打折优惠。

7.15.1 特殊号促销法的好处

特殊号促销法其实是一种很有趣、很有意义的促销方法，也很能突出商家及其商品的个性。作为电商人员，你也要选择一天作为你的特殊的一天。在这一天为买家提供各种福利、各种打折优惠。

特殊号促销法能够激发消费者的好奇心。当你的产品销售日独特得令消费者猜不透时，他们就会争相参与，从而使你的店面的热度提升。这样循环下去，会给你带来一种极好的宣传。

7.15.2 特殊号促销注意事项

接下来，为大家讲解一下特殊号促销的注意事项。

首先，你的特殊号的选择必须有意义，比较独特。例如，你可以以你与你爱人的结婚纪念日作为你的打折优惠日，而且每月的那一日都作为优惠日。这样会显得你家的商品富有情谊。或者你可以以你父亲或母亲的生日作为优惠日，显得

你是个极为孝顺的商家，从而拉近与消费者之间的距离。

其次，你的产品要与你的特殊日完美契合。假如你以与爱人的结婚纪念日作为打折日，那么你网上经营的商品必然要能体现爱的价值，比如耳环、戒指等。一方面你通过打折促进了产品的热销，另一方面你也是在祝福更多的有缘人。可谓名利双收。

最后，这类方法的使用范围较广，但是当涉及柴米油盐之类的日用品时，这种方法就不太好用了。如果你的盐只在 10 号打折，而客户在 8 号就缺盐了，人家肯定不会等到 10 号去买你的打折盐，而是急切地去购买。

希望以上方法会对你的电商促销经营有启发。

7.16 第三人促销：朋友用了都说好

第三人促销就是要巧用其他买家的评价为自家店铺的产品进行正面宣传，最终促使更多的新买家选择你的商品，这样形成良性循环，你家店铺产品的知名度便会越来越高、销量也会越来越大。

下面为大家介绍一些第三人促销的常用方法。

第一，第三人促销要与“晒好评”相结合。好评就是第三人的话语。许多买家在网上购物时，总是会优先看之前买家的评论。如果在评论栏里差评居多，买家就会毫不留情地转身离去。当他们看到好评如潮的评论时便会更加心动。所以，电商人员要积极关注商品的评价信息，对那些恶意差评的消息进行屏蔽，筛选出优质的好评信息。

第二，你的商品好评信息必须真实有效。电商人员要用买家最真实的评价来为自己的产品正名，而不是通过网络“水军”的刷好评来获得好评。

第三，第三人促销也要注意与名人相结合、与热点信息相结合、与节日庆典相结合。名人代言，也属于第三人促销的方法，效果会更好。

7.17 绝版促销：尾货女鞋，5 折处理

绝版促销，是指电商要根据时机，宣传产品数量有限几近绝版，从而引发买家的关注，并且同时运用打折促销的手段来进行产品促销的一种方法。

晓舟是一名淘宝电商人员，她的主营产品是女士鞋子。每当产品在换季或有大量库存积压的情况下，她就会适时使用绝版促销的方法进行产品的低价销售。由于她的时机把握到位，所以最终她积压的商品都能以低价销售出去，最终还获得了不错的利润。

接下来，为大家讲解一下绝版促销的注意事项。

第一，绝版促销的使用要把握好时机。当换季时，产品不容易卖而且积存量大的时候，电商便可使用绝版促销的手段进行产品的销售。如果不这样做，最后你的盈利就会很少，而且积压的商品还会造成成本的浪费。

第二，绝版促销要遵循适度的原则，而且要与其他促销手段配合使用。如果你每逢换季就进行绝版促销，就会显得你没有新意。买家也会从你的套路中看出你的窘境。所以，当你发现绝版促销对买家不再具有吸引力时，你可以适当地使用赠送潮流小礼品的方法，促进产品的销售。

第三，绝版促销也要保证产品的质量。质量是商家生存的根本。如果你剩下的产品都是残次品，你利用绝版促销的手段是促进了产品的销售，但是当你的残次品使买家不满时，也是你的名誉扫地时。所以，一切促销活动都要以质量为本。

7.18 生态促销：养在山上的鸡

生态促销是新形势下的新观点，是说商家在追求经济利益的同时也要更加顾及环境保护以及社会经济的良性发展。

7.18.1 生态促销的好处

电商人员在进行生态营销时，要把自家店面的外观形象、价值观、服务手段、管理水平等诸多因素在销售策略中展现出来。

其实，所有的人都可以成为你的潜在客户，关键在于你的营销策略能够异于常人，能够吸引消费者的目光，最终俘获消费者的心。

现代社会人们普遍追求健康、环保。生态促销是一种既时尚又环保的促销方式。学会生态促销法，将会使你的产品的销量大幅提升。

小王是一名淘宝电商人员，他的主营产品是柴鸡蛋。他在自家产品的宣传图册上写着“养在山上的鸡下的蛋”。一句话就凸显出了他的产品无公害、健康安全有保证。这样的宣传也使他的网上订单越来越多。

7.18.2 生态促销原则、方法及注意事项

接下来，为大家讲一下生态促销的原则、方法以及注意事项。

第一，生态促销应秉持绿色促销的原则。所谓绿色促销，就是电商人员在宣传促销产品时要着重强调产品的无毒无公害。

第二，生态促销应与现代的高科技宣传进行有机的结合。所谓眼见为实，耳听为虚。当你在宣传产品无毒无害的同时，你可以以直播的形式展示出这些产品的生长环境或生产过程。比如你在宣传鸡蛋是柴鸡蛋时，就可通过直播平台向消费者展示柴鸡的生活环境，突出你的产品的生态性和真实性。

第三，生态促销法适用丁一些日常食用品。健康大都通过合理健康的饮食来保证。如果商家所卖的日用品是无毒无害的，而且能够通过直播展示给所有的消费者，那么产品必然会获得大卖。

7.19 收藏促销：收藏本店铺，凭截图让利

收藏促销就是买家收藏本店，并向卖家发送截图，就能享受一定的让利优惠

的促销转化方法。

收藏促销的方法其实应当是电商独一无二的促销手段。实体店根本就不能使用这种方法。所以作为电商，当你的产品与实体店同类型产品进行竞争时，就可以使用这种促销转化方法。

接下来，就为大家讲一下收藏促销的方法与注意事项。

第一，要了解收藏促销的各种小技巧。比如收藏包邮、收藏立返现金×元、收藏享打折优惠、收藏送小礼品等。道理其实很简单，就是利用消费者追求实惠的心理，通过这些技巧使买家行动，最终促进产品的热销。

第二，要为自己的收藏促销活动做一个醒目的版面设计。正如在“第 6 章视觉转化”中提到的那样，一幅清晰、高质、醒目的产品宣传图片，会起到事半功倍的效果。所以，电商在用收藏促销法时可以使用一些抢眼的宣传图（见图 7–9），增强促销宣传的力度。图 7–9 通过简单明了的语言、鲜艳的颜色、大小对比、字体变化很好地突出了此项活动。作为电商人员，你应当积极尝试这种方法。

图 7–9 “收藏有礼”促销宣传的版面设计

第三，收藏促销要与特殊节日、时下热点相结合，这样才能更好地达到产品宣传的效果。在节假日或借助热点事件对自家产品进行宣传，能够使宣传效果最大化，迅速提高自家产品的名气。

总之，希望你能巧用以上的小技巧，使你的电商生意越来越兴隆！

7.20 公益促销：消费满 100 元，就有 1 元捐给失学儿童

公益营销就是电商通过与公益组织合作，充分利用公益组织的权威性、公益性特质，从而搭建一个能让买家信服的电商平台，形成自己的品牌，最终推动自家产品的宣传和促销。例如，“消费满 100 元，就有 1 元捐给失学儿童”的公益宣传。

7.20.1 公益促销的意义

首先，为大家讲解一下公益促销的意义。

第一，公益促销能够塑造商家勇于承担社会责任的店面形象。

第二，公益促销能够提升电商的知名度，进而以自己知名度的提升来带动产品形象的提升。

第三，公益促销能够给广大群众营造一种关爱社会、关爱弱势群体的感觉，能够引起消费者的共鸣，使其自然而然地对你的店铺产生良好的印象，促使你的产品热卖。

其次，为大家介绍一下公益促销的原则。

第一，公益促销应秉持制造新闻热点的原则。这就需要通过策划有创意的活动来实现令人振奋的效果。

第二，公益促销应秉持效果最大化的原则。由于每一次公益活动本身的宣传都有它的时空局限性，所以作为电商你要通过多渠道进行宣传。不仅要在自己的淘宝店铺进行产品的公益性宣传，还需要通过万能的朋友圈进行更为广泛的宣传，从而增强宣传效果。

第三，公益促销应秉持双赢的原则。双赢，就是作为商家的你能够和消费者实现共赢。在进行公益促销介绍时既要突出产品的公益性福利，又要突出产品给

消费者个人带来的切身价值。做好了这些，你的产品才会更易于销售。

7.20.2 公益促销的方法

接下来，为大家介绍使用公益促销的方法。

方法一：公益促销必须反映时代浪潮。社会在前进，但同时也存在着某些负面效应。我们在进行公益促销时，一方面要展示真善美，另一方面也要揭发一些不良的社会现象，显示我们的正义感，从而使社会人群对我们的好感增加，进而使他们信赖我们的产品。

方法二：公益促销要尽量吸引更多的人参与。公益促销的宣传要顺应民心民意，对社会现象提出善意的建议或尖锐的批评。如果能够唤起消费者共同参与，那么就能够达到关心社会、回馈消费者的目的。

方法三：公益促销必须做到人性化。随着现代社会节奏的加快，人们的工作也日趋繁忙、压力也越来越大。与此同时，人与人的沟通越来越少，人情也愈显冷漠，而人性化公益促销能使此种现象稍稍缓解。

第 8 章

关联转化：找商品与商品、客户与客户关联点，促多倍成交

在现代社会，许多电商都会面临下面几个问题：客单价持续走低、客户流失率居高不下、商品转化率不高等问题。电商们也发现了问题所在，也在想办法解决，但是苦于没有切实可行的方法。其实做好了关联销售，就能够有效提升商品转化率。

关联转化就是在进行产品的销售时要努力找寻商品与商品、客户与客户之间的关联点，利用这些关联点，促成多倍成交。说得形象一点，就是在网上把相似的东西集合在一起推荐给买家。可以通过适当的宝贝推荐，让买家清晰地了解多个相似宝贝之间的区别，从而做出购买决定，降低买家在当前宝贝页面的跳失率，如果做得得当的话，甚至能够引导买家同时购买多个宝贝。

常见的关联转化，大致有 6 种方法，分别是价格刺激法、条件诱惑法、情感共鸣法、替代式、互补式和延展式。

8.1　价格刺激：鼓动消费

价格刺激就是电商人员在展示自家产品的时候，切实把握住消费者追求物美

价廉的心理，利用简洁有效的语言对产品价格进行明确说明。

8.1.1 价格刺激的方法

价格刺激必须借助丰富多彩的产品图片、精益求精的商品细节来对消费者进行得当、有效的消费刺激，最终激发消费者的购买欲。

当消费者在淘宝等网上商城浏览宝贝时，总会被形形色色的商品所吸引。作为淘宝等网站的电商卖家，你若想使自己的产品能瞬间吸引消费者的注意，就必须通过吸引人的价格对消费者进行刺激，鼓动他们消费。

其实，通过价格刺激带动消费是一把双刃剑。用好是福，用不好则是祸。所以，电商在开展价格刺激时必须做到有的放矢，不可眉毛胡子一把抓。

8.1.2 运用价格刺激法的注意事项

接下来，具体分析一下运用价格刺激法的注意事项。

一方面，价格刺激应该与产品自身的定位及产品的消费人群定位相适应。例如，你在网上开的是一家普通的化妆品店，那么你面对的消费者必然是收入水平一般的人群，你将商品的价格稍微调低一点，就会引发她们的争相购买。倘若你在网上经营的是一家高档化妆品店，此时你若要进行价格刺激，价格降低一点点是不会有太大成效的。此时如果你进行一次八折优惠活动，那么就会有更多的买家来购买。因为人们都是追求高质量的生活享受的，倘若原来她们触手不可及的商品现在伸一伸手就可以抓得到，她们必然是会去追求的。

另一方面，当网上的同行们都在追求低价营销、陷入恶性循环时，你要保持清醒的头脑，力争以质取胜。作为电商你应当明白，你最终的目的是盈利。倘若一味地进行低价促销，最终也许会在商业的残酷竞争中折了本，得不偿失。电商人员做促销就要做到与众不同，要有一个长远的眼光，不可以图一时的“薄利多销”，而最终在价格战中血本无归。

8.2 条件诱惑：给予回报

条件诱惑法是指电商人员要促成产品的销售，就需要给予消费者相应的回报，使他们产生购买此产品的实惠感觉。

8.2.1 条件诱惑法的具体方法

当消费者享受实惠的购买心理得到满足后，他们就会心甘情愿地去购买这件商品。所以，电商人员要采取一些策略诱导消费者购买产品。比如，当消费者要购买一种产品时，电商人员可以利用一些条件促使其同时购买另一件产品。

其实，我们在前面讲到的满 A 送 B 的促销转化方法就是条件诱惑法的一种。具体方法如下：通过购买某商品，赠予消费者另一种商品或其他礼物作为回报，激发消费者的购买欲望，从而促进产品转化率的提升。

8.2.2 运用条件诱惑法注意事项

接下来，具体分析一下运用条件诱惑法的注意事项。

第一，条件诱惑法的适用范围比较广。无论你是在网上销售豪华奢侈高端产品的卖家，还是销售一些日用品的卖家都可以利用这种方法进行商品促销。差别在于你给予消费者回报的量的多少。如果你卖的是高端商品，那么你给予消费者的回报也一定要相对丰厚，这样消费者才会觉得买得值。

第二，你所给予消费者的回报必须能够满足消费者的需求。需要才是消费者购物的基础，倘若你送的产品不伦不类，没有附加的价值，那么消费者也是不会买账的。比如消费者在你家店铺买了一件价值千元的棉衣，而你却只送了一双袜子，那必然不会有好的效果。其实你可以赠送一件较为有名气，价值相对较高的腰带，这样买家的购买热情会更高。

第三，条件诱惑法的使用也需要秉持适度适量的原则。如果总是频繁地使用一种方法，会使消费者失去新鲜感，当失去了新鲜感，你的方法就不能够再吸引消费者的注意了，那么你的产品的转化率又怎么能够提升呢？正确的做法是，在节假日或某个特殊的日子偶尔运用一下这个方法。这样一方面能提升产品销量，另一方面也能提升网店知名度，可谓一举两得。

8.3 情感共鸣：价值认可

情感共鸣法是指电商人员要善于为自家的产品打造一种能够为大家公认的价值因素，而且在市场上的认可度很高。如果做到了这样，那么你的产品的转化率就会大幅提升，产品的销量也会越来越好。

8.3.1 情感共鸣法的使用方法

电商人员在介绍产品时必须注重情感嫁接。例如，你是在淘宝商城经营家电的商家，那么你可以对你的产品附上亲人间的情感联系，以及家的温暖感觉。有一名经营家电的电商人员就将情感共鸣法使用得非常贴切到位，最终促使他的家电产品热卖。他对自己的家电产品写了这样一句饱含深情的广告语——“亲，天冷了，别忘记关心一下父母哦”，并附上一些他家店面的精致的取暖器图片。这样的图片，这样的语言，瞬间感动了众多人，他们纷纷为父母购买下这款取暖器，以表孝心。再例如，如果你在淘宝上经营的是珠宝类商品，就可以在结婚钻戒中推荐几款黄金小首饰，作为新婚夫妻感谢母亲的礼物。

8.3.2 运用情感共鸣法注意事项

第一，运用情感共鸣法时要注意使用良好的价格策略。例如，电商人员可以对亲情类产品打上“亲情价八折优惠”的标语，这样做的转化效果会更好。

第二，你通过情感共鸣法宣传的商品必须是质量高的产品。其实，消费者往往对于假冒商品充满忧虑。因而作为电商人员，你必须要秉持童叟无欺的诚信经营原则，一方面通过自己的情感共鸣激发消费者的购买欲望，另一方面通过诚信的原则争取消费者的信任。如此良性循环，你的产品的转化率必然会提升。

8.4 替代式：同类商品关联

替代式是关联转化最常见的一种方法，那么什么是替代式关联？替代式关联有哪些优势？使用替代式关联时需要注意哪些事项呢？本节将对以上内容做具体介绍。

8.4.1 什么是替代式关联

所谓替代式关联，就是将功能相似的宝贝放在一起，产生一种关联营销的效果。其实替代式关联是一种基于买家从众心理的关联营销方法。

8.4.2 替代式关联优势及注意事项

接下来为大家介绍一下同类目商品关联的优势以及具体注意事项。

第一，同类目关联，就是把同类的商品放在一起。这样一方面可以给消费者一种一目了然的感觉，另一方面又可以让消费者有多种选择，从而提高店铺的市场知名度。同时，具有关联性的搭配，可以间接地提高商品的曝光率和点击量。

第二，要做好同类目商品关联必须要为商品设计一个比较好的文字展示。假如客人对某个商品的文字感兴趣，他就会点击进入你的店铺首页。所以，商品的文字介绍一定要一针见血、简洁明了，这样才能够达到最佳的宣传转化效果。

第三，同类商品关联，商品一定要有视觉冲击力，让消费者一看就很有购买的欲望。切忌杂乱无章乱放产品，也切忌将一些不相关的消费者放在一起。例如，主推的商品是连衣裙，你却关联婴儿尿布，这样不但不会达到关联营销的效果，反而会适得其反。

第四，关联的商品价格一定要高中低三档均有，中端的要多一些。

第五，在淘宝等网上店面，前面放转化率高的宝贝，后面放流量低转化率高的宝贝。总之一切要以提高产品的转化率为中心。

总之，希望你能合理利用以上方法，促进你的产品的转化率的提升。

8.5 互补式：不同商品搭配关联

互补式关联就是不同商品间进行搭配关联。而且这些不同商品能够完美地互补形成一个和谐的统一体。就如钢笔和墨水、乒乓球拍和乒乓球的关系一样。合理使用互补式策略，能够使主推商品及其相关商品热卖。

下面就为大家讲解一下电商使用互补式关联的规律。

爆款商品与其互补商品的组合是促使商品热销的不二法门，也是提高互补产品转化率的一项基本规律。

作为电商，大家各自的店铺都会有自己的爆款。爆款的特性就是转化率高。互补式关联强调搭配商品和主推商品有直接的相关性。倘若你家店面的主推爆款商品是女装外套，那么互补关联商品可以是女士裤子、鞋子等商品。如果主推商品为帐篷，那潜在关联的商品可以为野餐垫、防晒衣，表面上，两种商品毫无关系，但是潜在意义上，买帐篷的人可能在户外野餐，那么野餐垫、防晒衣就是必需品。

总之，通过这样的方式，会使互补商品的转化率提高，最终达到最佳的转化效果。

8.6 延展式：功能商品关联

延展式关联就是电商把商品及其衍生品放在一起进行展示，通过一连串的商品的摆放，吸引消费者的注意，使其最终购买商品。

接下来，为大家分析一下，延展式关联转化的具体事宜。

第一，电商人员一定要把自家主打商品衍生出来的最新商品，放在介绍页面最开始的版面进行正面的促销介绍。这样做一方面很吸引人，另一方面也会达到立竿见影的效果。

第二，在商品描述中嵌入衍生商品时必须要注重质量、注意数量。倘若质量不佳，消费者就会转身离开。倘若介绍话语过多，会显得极其啰唆，使消费者没有耐心继续浏览下去，更不会主动购买。

第三，对于转化率高的衍生品，一定要尽可能多地给它流量，这样你的店铺转化率也会提高。商人做生意讲究突出卖点，对于那些有卖点且含金量高的衍生品，我们必须对其进行重点地介绍说明，以提高商品转化率。

第四，在主打商品描述完以后插入最新衍生品的介绍最为合适。能够花费这么久的时间浏览我们的商品描述，证明该消费者极其喜欢我们这款商品，非常想购买，换言之也就是购买欲非常强烈。那么在这个时候，我们在最后加上这一衍生品一定会使他们更加惊喜。最终，商品的点击率、购买率都会提高，我们也就达到了提高商品转化率的目的。

第 9 章

议价转化：揣摩消费者心理，消除买家疑虑

价格谈判是电商人员与客户最直接、最正面的交锋，如果在价格谈判这一环节做得非常到位，那么就奠定了谈判成功的基石。没有一些好的价格谈判方法与原则做指导，电商人员必然会在谈判中陷入被动。

议价转化就是电商人员在与买家进行价格谈判时，要主动揣摩其消费心理，消除他们心中的疑虑，使其最终心情愉悦地购买产品。

议价转化的方法大致有 11 种，分别是戴高帽法、踢皮球法、诉苦法、提醒法、从众法、包抄法、底牌法、缺货法、同理心法、拆解法以及化整为零法。

9.1 戴高帽法：这符合您的身份

在一个毕业典礼上，某学生向自己的恩师告别。老师问他以后的打算，学生开玩笑说："社会上的人都喜欢戴高帽子，所以我打算去卖帽子。现在我手上就有 100 顶可以卖的高帽子。"老师听完，非常严肃地说："你刚从学校毕业，应当踏踏实实地做事，堂堂正正做人，这样才能得到社会的认可，卖高帽子可不是一个好方法。"学生回答："现在社会上像老师一样真诚待人、诲人不倦的人并不

多，老师的临别赠言学生会谨记一生，时刻都不敢忘。”

老师听完笑了，再一次勉励他要踏实努力。学生最后说：“老师，我的100顶高帽子现在已经卖出去一顶了。”

上面的小故事表明人人都喜欢被赞美，喜欢被戴高帽子。给客户戴高帽子利用的是人们好面子的心理弱点。当你给客户戴的高帽子给客户添足了面子，客户就会用订单来回报你。

9.1.1 戴高帽，下单快

王晓盼是一家高档男性服装专卖店的网店客服。有一天，有位客户选中了一套西装，但是总是认为价格太贵而迟迟没有下单付款。在这种情况下，晓盼对客户说：“先生，这可是名牌，当然会贵一点，但对您来说，这应该不算贵。您既然能够一眼看中我们这套西装，说明您是一位见多识广的成功人士。像您这样的身份，只有这样高档的衣服才配得上啊！”客户没有说话，回复了一个微笑的表情，最终下单付款。

还有一次，一位客户挑来挑去，最后相中了衣服的款式，却嫌衣服的颜色深，迟迟做不出决定。晓盼脑子一转，马上就说：“颜色深能显成熟。要知道成熟可是男性综合魅力中最耀眼的闪光点哦！如果您穿上这套衣服，不知道要有多少女士被您的风采迷住了。”如果客户嫌衣服颜色太浅，晓盼会这样说：“颜色浅会使人显得朝气蓬勃、充满活力，给人一种帅气冲天、魅力四射的感觉啊！”

王晓盼总是能够应对各种各样的客户，给他们戴高帽子，从而让这些客户心甘情愿地付款下单。

9.1.2 戴高帽，促销量

马思思是某化妆品品牌旗舰店业绩最好的一名网店客服。马思思经常说：“我们要了解化妆品的本质，化妆品不是生活的必需品，可以归入生活奢侈品。所以，在推销时更要多花心思，多利用赞美的语言，让客户产生爱美之心，而且很乐意做个美人。”

有一次，一位社交型客户向她咨询化妆品。当马思思报出价格后，这位客户表示太贵要去别家看看。马思思突然发现这位客户的头像里是一位太太提着一只女用高尔夫球袋时，立刻话锋一转说：“您的头像里是您本人吗？”

客户回答：“是啊！”

马思思赞美道：“那个高尔夫球袋真漂亮！”

客户说：“这是我去年到欧洲旅游时在巴黎买的。”

马思思说：“高尔夫球可是中上阶层的娱乐活动啊。”

客户：“可不是，为此我可花了不少钱了。”

马思思紧接着说：“是的，这种化妆品不是便宜货，的确贵一点。所有使用它的女士也都是上流社会的高雅人士。”

然后，客户没有了拒绝的借口，买下了一套化妆品。

在网店，一些店铺的产品看起来相差不大，业绩却相差十万八千里的情况并不少见。问题出在哪里呢？

在销量高的那家店铺里，当客户说：“你们的这双皮鞋做得跟进口货一模一样。”

此时，客服就会答：“只有像您一样眼光独到的人才能看得出来。”

于是，客户会欢欢喜喜地买下这双鞋，不但成为店里的老客户，还经常会介绍朋友也来这里买。

当同样的情况发生在另一家销量低的鞋店时，其客服答道：“这您就错了，我们卖的本来就是正宗的意大利鞋呀！”

结果就是客户生气离开，从此再也不会来这家店铺看，最终造成店铺生意冷清，只能关门。如果你的业绩非常差，销量越来越低，你不妨检视一下自身，你是如何招待客户的，与其他店铺相比是否有竞争力。

对于一部分客户来说，面子远远比金钱重要。网店客服一旦抓住客户的这个软肋，适当给客户戴高帽子，成交自然水到渠成。给客户戴高帽子时，你想让客户成为什么样的人，就应当赞美客户是什么样的人。比如，你赞美客户非常有气质显得高贵优雅，他就不好意思购买便宜的产品，而是购买价格高的产品；如果你赞美客户大方慷慨，他就不好意思与你讨价还价，而是原价购买你的产品。

9.2 踢皮球法：这个折扣，我得向经理申请

电商要对“踢皮球”这种方法有一个正确的态度。“踢皮球”一般是讲工作时面临责任时员工们相互推诿，导致办事效率低下。其实如果仅从这个角度来看，“踢皮球”是一种不好的做法。但“踢皮球”对于电商来讲也可以是一种策略。所谓踢皮球法，就是针对对方的要求，当己方不便拒绝，但为了暂时避免责任，又不得不拒绝时，便借各种客观理由，把对方的“皮球”踢来踢去，对方在万般无奈的情况下，只得妥协让步的一种谈判策略。

9.2.1 踢皮球法具体操作方法

接下来，给大家分享一个真实的案例来说明踢皮球法的具体操作。

小飞是一名淘宝电商，主营产品是花瓶。她的服务态度很好，产品的质量也总是很好。可有一次，为了更好地维护自己店铺的利益，他与某一李姓女士买家进行了一次“踢皮球战”，最终很好地处理了这一纷争。

事情是这样的。今年1月份，李姓买家在小飞的网店上购买了一个花瓶。考虑到花瓶是易碎品，在购买时，她曾特别提醒小飞，要保证所发的货是没有任何问题的，且要做好保护措施。小飞也承诺一定认真检查，而且小飞发的绝对是正品。

几天后，快递到达，李女士为了避免纷争，就对快递员提出要先验货再签收。但该快递员竟表示：“我们只保证把货送到，货品是好是坏与我们没关系。”经过一番争论，李女士终于说服其先验货后签字，不过条件是，无论货物是好是

坏，快递公司只做证明人，不承担任何责任。最终李女士同意了要求。

可意外还是不幸地发生了。当打开包装时，花瓶底部有破损。看到这种情景，她去找快递员，但快递员再次强调，只做证明人，不负责任。

事已如此，她只好在淘宝上要求小飞退还全部货款。小飞很机智，当时就讲道，我们的产品发货时绝对是完好无损的，肯定是快递环节出了问题。不过针对您的提议，我可以与经理讨论研究后，再给您一个明确的回复。

她用了一个小小的“踢皮球”的方法，稳住了李女士不安的心。最终小飞承诺，只要李女士再出一份运费，她就再给李女士邮一个花瓶。

这件事的成功解决，不仅是解决了一件纠纷，而且还提高了小飞店面的名气，可谓是一举两得。

9.2.2 踢皮球法使用原因及原则

下面为大家讲一下踢皮球法的使用原因及原则。

第一，踢皮球法的使用必须事出有因。若遇到价格谈判对自己不利而想中止谈判，或想达到降低买家条件、挽回损失的目的，或想降低买家期望值、使买家自动让步等都可使用该策略。

第二，电商人员需掌握踢皮球法的精髓。踢皮球法的常用手段就是转移矛盾，运用他人有权自己无权做决定的手法，来一波缓兵之计，从而达到自己的目的及其他意想不到的效果。

第三，电商人员需要在实践中去锻炼使用“踢皮球”这种方法。其实这种操作很简单，在商场谈判中已经有一套固定模式。具体做法如下，当你遇到买家提出的一个棘手问题时，自己不便正面给出相应解决措施，就可以推辞说自己无权干涉，需请示老板或与其他相关人员研究之后再做决定，故意将此问题搁浅，让对方只好等待。

这样做，其实对我们也是有利的。一方面可以使买家暂时无可奈何，退出商谈，一走了之；另一方面就是买家不甘心被拖延，于是降低条件与我们进行进一步商谈，而此时主动权就掌握在我们自己手中了。

第四，作为电商，必须掌握踢皮球法的原则，就是要做到适度适量，不可总是使用这种方法，否则会给买家留下极不负责的商家形象，这对我们有百害而无一利。同时也必须做到，踢皮球只是缓兵之计，暂时转移矛盾，最终还是要利用对于双方都有利的方法来解决问题，从而在买家心中建立起高大上的商家形象。

9.3 诉苦法：亲，我也赚不了几个钱

诉苦就是向人诉说自己的苦衷或自己所受的苦难。所谓诉苦法，就是作为电商，当你的产品价格定得较高时，你可以向买家诉说你的苦衷，从而获得买家的理解，最终争取买家的同情分，从而促进产品的销售。

9.3.1 巧妙地向买家诉苦

小芳是一名淘宝电商，她的主营产品是女款包包。她对自家的产品定价略高，但很多买家还是选择了她家的产品。原因在于她懂得很巧妙地向买家诉苦。

她在自家产品图文介绍的中间部分以及结尾部分，巧妙地写了这样一句话："货真价实，这么品质优良的包包，其实我也赚不了几个钱，只求买家能够把钱花得值，花得放心，花得开心。"仅仅是这么一句简简单单的诉苦，电商既表明了自己的苦衷，也证明了产品的质量高，还打动了消费者的心，促使他们购买产品。

9.3.2 运用诉苦法注意事项

接下来，为大家讲解一下运用诉苦法的注意事项。

第一，诉苦时不要反复啰唆。电商对自己的产品进行诉苦说明时，仅需一两句话语的描述即可。描述得过多，反而会引发买家的不满。毕竟买家是来买产品、选好产品的，如果你的介绍从头到尾都是些诉苦的话语，会影响买家的好兴致，这样你的产品必然难卖。

第二，诉苦时要选择合适的时机。合适的时机就是当你已经用图文把你的产品的优势、有趣点介绍完毕后再开始进行诉苦式说服。毕竟大多数人都是爱向别人诉苦，而不太愿意倾听别人诉苦的，如果一开始你就诉苦，反而会扰了买家的兴趣，这样你的产品的销售必然不好。所以在向买家诉说“苦衷”的时候，选择一个合适的时机是非常重要和关键的。

第三，诉苦时你用的语言必须切实中肯，不得随意浮夸。电商人员需要时刻谨记，不管你的“苦衷”有多大，也不要向买家进行唐突、莽撞的诉苦。这样诉苦，买家会觉得你做事浮夸，不够诚恳，也会对你的产品带上一丝偏见。所以正确的做法是平心静气、语言中肯。这样，你的诉苦才不会使买家感到“压力”，他们才可能愉快地听你娓娓道来，你的成功概率也会大大增加。

第四，你在诉苦时一定要善于揭示事理。作为电商，你在向买家诉苦时一定要把诉苦的缘由清晰地展现在买家面前。隔行如隔山，你一定要对你的高定价策略进行说明，比如原材料价格高，或是特有品牌价格高等。只有你通过明了的方式进行解释，通过巧妙的方式揭示事理，买家才会信服你，才会选择相信你的产品。同时，你也要深信，买家多半是十分开明的，只要你的诉苦合情合理合适，那么他们对你的印象分就会很高的，你的产品的销量也会随之水涨船高。

第五，作为电商，诉苦时你要遵循适度的原则。诉苦毕竟只是一种解说的方式，以争取同情分。诉苦常常与弱者相关联，所谓弱者爱诉苦就是这个道理，因此为了证明你的产品品质高，你的店面知名度高，要适度诉苦。

9.4 提醒法：真货和高仿不可能一个价

提醒就是通过告诫的方法引起别人的注意或者是从旁指点，引起别人的注意。在议价转化中，提醒法是指，作为电商当你的价格与别家不同时，特别是价格高时，要善于运用提醒的方法，说明你家产品价高的原因，引发买家的注意与信服，使其最终选择购买你的产品。

9.4.1 提醒法的核心点

高小梅是一名微商，她通过微商店铺销售一些女士高端化妆品。她比较爱动脑筋，总是能够出奇制胜。其实她出奇制胜的法宝在于她准确地把握住了买家的购物心理——买东西必须物有所值、甚至物超所值、最起码是一分价钱一分货。

她正是抓住了买家的这些心理，于是在众多同类型产品商家进行低价竞争时，她选择了微微调高价格，而且义正词严地提醒买家注意“绝对真货，这样的价格高仿品不敢定”。她就是通过这么一句简简单单、一针见血的话语，把自己的产品和高仿产品区分开来，使自己的产品在众多同类产品中能够达到鹤立鸡群的效果。最终结果也是这样的，买家为了买得放心，还是宁愿多出一些钱。

电商人员使用提醒法的核心点在于介绍产品时一定要突出地提醒买家；提醒他们注意一些假货的特征，并突出显示自己真货的种种细节；通过这样详细的对比来证明自家商品价高的原因，令买家信服并最终购买。

9.4.2 运用提醒法注意事项

接下来，为大家讲解一下运用提醒法的注意事项。

第一，提醒法适用于高端产品，即我们平常所讲的那些名牌产品。倘若你在网上营销的只是一些常用日化品，而且定价高，即使是真货，人们也宁愿少出一些钱，买相对便宜的产品。这是由于产品的人群定位不同。普通日化用品贵在实惠，很多买家也是为了物美价廉而来的，过高的价格会使他们扬长而去。但名牌产品就不一样了，它的目标客户群一般收入较高，而且名牌产品能够激发买家的攀比心理，价位高才能显示出他们所拥有物品的稀有珍贵、货真价实。

第二，提醒法一定要把握买家的消费心理，直击买家的痛点。买家买东西要么是求实惠，要么是求货真价实，要么是求产品能突出自己的身份地位。对于中高档产品，一定要直击买家的痛点，说明产品的真实可靠，绝对一分价钱一分货。

第三，用提醒法的买家，自己的产品一定不能是高仿品。否则简直就是搬起石头砸自己的脚，最终会落得个“赔了夫人又折兵”的后果。其实，很多爱自作聪明的电商都爱在介绍产品时把产品的各种特性讲得天花乱坠，而实际销售的却是高仿产品。这样做暂时来看会有利可图，但长远来看这简直就是饮鸩止渴。所以，运用提醒法一定要做到诚信经营。

9.5　从众法：这是今年最热销的产品

从众法是指电商人员要善于利用消费者的从众心理，通过语言介绍、产品外观展示或其他方面对消费者进行心理上的诱导，最终促使消费者立即购买你的产品，达到成交转化的目的。从众法常用的形式就是诸如“这是今年最热销的产品”之类的话语表述。

9.5.1　什么是从众效应

从众效应也被称为羊群效应，就是当个人受到大多数人的影响，会怀疑并改变自己的观点、判断和行为，朝着与大多数人一致的方向变化。从众心理是指人们追求和多数人行为相一致的心理，这是一种普遍的社会心理现象。简单来说，从众心理就是一个人看到大多数人怎么做，自己也就会盲目跟随。再说得通俗点，就是人们平常所说的“随大流”。

对消费者来说，购买活动概是一种个体行为，也是一种社会行为，既会受到消费者个体购买动机的支配，又会受到购买环境的影响和制约。

电商人员如果能够恰如其分地利用消费者的从众心理，巧妙地利用周围环境和一部分消费者对另一部分消费者的影响，对商品的销售是大大有利的。

9.5.2　买家从众心理的表现形式

接下来，为大家讲解一下买家从众心理的表现。

第一，买家的从众心理会驱使其在购买行为上向多数人看齐，只要商品存在大量买家购买，他们就必然认为商品是好的。

第二，买家的从众心理会使他们更加看重其他买家的言语。有时，买家宁肯相信其他买家的一句话，也不愿相信电商人员的十句话。针对这一表现，商家一定要结合好评法，去引发买家的从众心理，从而促使买家下单。

第三，买家在从众心理的驱使下，会认为紧俏货就是好商品，而且总会萌发出缺货就是好货的消费观念。所以，电商人员可以根据这一表现结合限量营销的方法促进商品的销售。

9.5.3 从众法的优缺点

接下来，具体分析一下从众法的优缺点。

第一，从众法的优点是能创造出一种有利的购买环境，从而省去许多烦琐的推销环节。电商人员如果能够巧妙运用从众法，必然会屡试不爽。

第二，从众法的核心优势在于能够利用买家之间的相互影响，有效地说服买家。买家的好评胜过电商人员的千言万语。

第三，从众法的缺点是不利于准确地传达产品信息，缺乏劝说成交的针对性。所以针对这一缺点，电商人员要在说出产品流行、畅销的特点后，另外说明产品的其他特性，以满足不同人群对此产品的需求，最终促进产品的销售。

9.5.4 从众法使用方法及注意事项

最后，讲解一下从众法的使用方法及注意事项。

第一，要出示一些具有权威性或代表性的供货合同、宣传材料及销售统计指标，注意材料必须真实。电商人员在运用从众法时所出示的有关文件资料必须真实可信，所使用的各种方式必须以事实为依据，以信用为准绳，不可以捏造事实欺骗顾客。否则，买家的从众心理反而会影响企业的信誉，破坏整个推销工作。

第二，从众法只适用从众心理较强的买家。而对于那些自我认知意识较强的买家很难生效。

第三，要学会适时利用缺货现象，让买家形成存货不多、欲购从速的印象，最终使买家觉得商品紧俏，从而引发他们的购买欲望，实现商品的销售。

第四，电商人员在使用这种方法时要注意把握买家的购买心态，针对买家的从众心理进行积极诱导，合理利用买家之间的相互影响，绝不能采取欺骗手段引诱买家。

9.6 包抄法：价格降不了，不过可以赠个礼品

包抄，严格来讲是一个军事术语，意思是说，作战时要绕到敌人侧面或背后进攻，回避其精锐部队，从而一步步地把敌人消灭。

9.6.1 什么是包抄法

商场如同战场，作为电商人员，当正面介绍产品的各种不同特点、优势已经无法再吸引买家时，你就可以通过侧面讲解迂回地达到促进产品销售的效果。

一种聪明的做法就是“价格降不了，但是可以赠送个礼品”。许多电商人员就是通过这样的小技巧促进了产品的销售。

其实，包抄法有点类似于“朝三暮四”的寓言故事。这故事讲的是宋国有一个养猴的老人，喜欢猴子，把它们成群圈养。他最后都达到与猴子情感互通的境地。养猴的老人宁可减少他与家人的食物也要满足猴子的需求。不久，他家里的粮食缺乏了，他将限定猴子的食物的数量，但又怕猴子不顺从自己，就先欺骗猴子说：“给你们板栗，早上三个然后晚上四个，够吗?”猴子们都站了起来并且十分恼怒。他又说：“给你们板栗，早上四个，晚上三个够了吧?”猴子都非常高兴，然后一个个都趴在地上。

很多人都嘲笑猴子，觉得猴子太傻了。电商人员可以从反面来学习老人的做法，通过一种迂回，看似给了别人好处，最终自己也没有什么损失，而且名利双收。

9.6.2 价格包抄法常用方法及注意事项

接下来，为大家讲解一下价格包抄法的常用方法及注意事项。

第一，价格包抄的常用方法就是价格不降，但是可以赠送礼品。其实这是一种很好的迂回方式，会使消费者心理产生一种同样的价格买两件商品的错觉，进而满足了他们追求物美价廉的消费心理，从而能够促进产品的销售。

第二，使用价格包抄法时所赠送产品必须能够满足消费者的需求。需要才是消费者购物的基础，倘若你送的产品不伦不类，没有附加的价值，那么消费者也是不会买账的。

第三，价格包抄法适用于中高端产品。如果你只是在网上卖袜子或卖一些普通零用副食产品，那么运用这种方法必然会导致亏本。如果你在网上经营的是家用电器或数码产品等高端产品，就可以积极使用价格包抄法，赠送给消费者一些与主卖商品相关联的产品，从而促进产品的热销。

综上所述，对于价格包抄法，电商人员需在考虑消费者的真实需求的基础上，结合自家产品的价格定位，制定合适的赠送产品策略，在迎合与满足买家消费心理的基础上，赠送出物超所值的赠送礼品。只有这样，价格包抄法才会发挥最大效用。

9.7　底牌法：这是从来没有过的价格

底牌，其实是一个游戏术语。原意是指，扑克牌游戏中还没有亮出来的牌。现在多用来比喻留着最后动用的力量或方法。电商人员要适时地亮出自己的底牌，促进自己在产品竞争劣势中达到翻盘制胜的效果。

我们常讲底牌要在关键时刻使用，如果过早地轻易暴露自己的底牌，会对自己的产品营销造成不好的效果。

接下来，为大家讲解一下底牌法的注意事项。

第一，底牌必须作为一种撒手锏使用。底牌的核心在于产品的质量高、附加值高、科技含量高、款式新颖、品牌独特等。作为一名电商，在竞争日趋激烈的现代社会，如果你的产品没有一个像样的底牌，那么你早晚会消失在电商竞争的浪潮中。所以在对你的产品进行宣传介绍时，一定要突出产品的新颖高附加值、物美价廉等优势。

第二，底牌的使用要在恰当的时机。何为恰当的时机？就是产品面临库存积压严重、商品竞争激烈的时候。在这时，你可以对自己的产品进行一次全新的包装，突出产品的新颖性；或者你可以用一些名人广告的形式，宣传自己的产品，突出名人效果；你还可以通过减价，并制造一个噱头，说是历史最低价，来吸引消费者的注意。电商可通过亮出这些底牌，来证明自己的竞争实力，从而促进产品的销售，使之在竞争激烈的商战中立于不败之地。

第三，当你打出“历史最低价”这样的底牌时，一定要秉持真诚无欺的原则。不要为了赚钱而卖给消费者一些虚假的、质量不高的残次品，这样你最终还是害人害己。

总之，希望你能在合适的时机亮出自己的底牌，证明产品的综合实力以及自我营销的高明手段，促进产品的销售。

9.8 缺货法：仓库货不多了，再不下单真没有了

缺货法是指电商人员通过在网上发布自家产品存货不足、即将售尽的图文消息，对买家进行心理上的提示，从而促使他们积极购买的一种议价转化方法。

此方法常规的套路就是店家宣布“仓库存货不多，早买早得，否则就要与你喜爱的商品失之交臂了”。这种方法的核心在于宣传出产品的紧俏性、稀缺性，利用消费者“物以稀为贵”的消费心理，促进产品的大量销售。

接下来，为大家讲解一下使用缺货法的注意事项。

第一，缺货法的使用要选择合适的时机。抓住了时机，才能使商品转化为财富。缺货法一般会在节日庆典时使用。这样的时段，消费者的购物热情一般会很高涨，当你打出店面缺货、即将售罄的招牌时，会进一步激发他们的购买欲望，使其积极购买你的商品。

第二，缺货法应该与折扣法结合使用。商品打折，必然会引发人们的购买。此时你再用缺货法可以营造出一种商品售卖火爆的现象，这样就可以同时利用消费者的从众心理及“物以稀为贵”的消费心理，进行商品的大量售卖。

第三，缺货法比较适用于高档产品。高档产品总是显示出自己的稀缺性的优势，如果此时你再打出缺货的声明，就更容易激发买家购买的欲望。倘若你销售的是一些日用品，如果运用这种方法，反而会适得其反。因为日用品毕竟是常规商品，当你缺货的时候，人们会选择其他的网上店铺进行购买。

第四，缺货法的使用也一定要注意其灵活性，注重虚实结合。有时不一定是你真的缺货了，你才要用缺货法。这要根据你的商品销量和市场行情进行综合考虑后再使用。当一件商品的市场前景较好，而你的这类商品销售量不佳时，虽然此时你还有大量的库存，但你却可以使用这种方法促进商品的销售。所谓商场如战场，用的策略也要虚虚实实、假假真真，这样通过灵活的定价策略，你才能在竞争激烈的商场中有一份立足之地。

总之，希望你能够适时地、灵活地使用这一方法，最终促进商品的销售、生意的兴隆。

9.9　同理心：我也是这么认为的

同理心，泛指心理换位、将心比心。应用到电商领域，就是指作为电商人员，你要设身处地地对买家的情绪、情感和认知有一定的把握与理解。

9.9.1　什么是同理心

同理心主要考验的是电商的换位思考能力、倾听能力以及情商。如果你能够将同理心运用到你的议价转化中来，必然能够吸引消费者，而且能够培养老客户，对于店铺的综合竞争力的提升是大有帮助的。

人们常说的“人同此心，心同此理”强调的便是同理心。在电商经营日趋激烈的今天，同理心的重要性也日渐凸显。其实我们所谓的信任关系根源于同理心，要建立买家对你的长期信任，就要在与买家沟通时积极倾听买家的想法，并给出自己合理化的购物经验，从而证明自己是值得信任的。当然这是一个不断深化的过程——你对买家越真诚，越善于倾听、尊重买家的建议，那么你的老客户就会越来越多，生意也会越来越好。

9.9.2 与买家建立同理心的原则和方法

接下来，为大家介绍一些与买家建立同理心的原则和方法。

第一，电商人员要坚信，想要买家理解你、了解你的商品，你就要先理解买家。只有做到将心比心，你才会被买家理解。

第二，电商人员必须培养这样的理念——只能修正自己，不能修正别人。很多做电商成功的人，他们首先改变自己，保证商品质量，并提高服务水平，最终使买家相信自己，相信自己的产品。

第三，电商人员需明白，只有学会从买家的角度看问题，并据此改善你在买家心中的形象，你才会慢慢走向成功。

第四，坚持诚信经营的原则。你在买家面前展露你真诚坦白的一面，买家才会觉得你是值得信任的人，进而你的产品才能很好地得以销售。

总之，无论在电商交易中发现什么问题，只要你坚持将心比心，尽量了解并重视买家的想法，就比较容易找到解决问题的方法。尤其是当你和买家发生冲突和误解时，只有设身处地地了解买家的立场和初衷，才能够消除矛盾。

9.10 拆解法：各部件价格相加

拆解法是一种电商人员通过对产品的拆解价格与产品的整体价格进行对照说明，从而突出买整体产品会更划算的议价转化方法。

9.10.1 什么是拆解法？

运用拆解法的前提是，产品作为一个整体的价格要低于各零部件的价格之和，突出产品作为一个整体的性价比优势，最终促使消费者购买整个产品。

小楼是一名淘宝电商人员，他在网上的主营产品是山地自行车。他的自行车的销量在同行中可谓遥遥领先，他也几乎成了同行的翘楚。

很多朋友都向他请教经营之道，他却说，也没什么特别深奥的营销方法，只是通过一个简单的价格计算法，使买家觉得买他的商品划算。

原来，小楼在网上对山地自行车信息进行介绍的时候，把各部件的价格也标注了出来，并算了一笔账。这笔账目结果显示，各零部件价格相加的结果远远大于山地自行车的价格。当买家看到这样的账目，无一不被吸引，都纷纷购买，从而促使小楼的产品热销。

9.10.2 运用拆解法注意事项

接下来，为大家介绍一下运用拆解法注意事项。

第一，拆解法适用于零部件较多的商品。例如自行车、计算机等。

第二，拆解法的核心在于利用消费者追求实惠的心理，对商品的整体价格与各零部件价格分别加以说明，最终促使消费者进行购买。

第三，拆解法的使用，必须图文精准，产品的各部件价格标注明确，必不可少的是要把价格对比凸显出来。只有做到这样精益求精的地步，你的产品销量才会越来越好。

希望以上的操作步骤和方法能对你的产品销售有一定的启发！

9.11 化整为零法：3000元的产品，每天不足10元

化整为零法就是电商人员在进行议价时，将高额的价格划分到每一天，甚至更小的单位时间内，来计算这件商品的价格，从而使消费者觉得价格划算，最终在你的店铺里购买商品。

9.11.1 用化整为零法赚大钱

小郑在京东商城有一家华为手机专卖店。他的一款华为手机定价为 3000 元，和其他店面的价格差不多，但是他的销量却比同行的其他人员更好。

原来小郑是用了化整为零法。他在对自家店面的手机进行介绍时，运用了数学计算的方法，把一件价格 3000 元的手机分摊到一年的每一天，那么每天只需支付不到 10 元。一些买家想了想，觉得很划算，纷纷前来购买。这样形成了一种良性循环，既提高了小郑店铺的声誉，也使小郑赚了一大笔钱，可谓一举两得。

9.11.2 运用化整为零法注意事项

接下来，为大家介绍一下运用化整为零法注意事项。

第一，化整为零法适用于价格昂贵的商品。通常当人们觉得商品的价格较为昂贵是，就会选择稍微拖一拖再买，也就是等到钱真正富裕的时候再进行购买。这样一拖，就会导致商家产品的滞销。如果一拖再拖，必然会导致此商品的库存积压。长此以往，当最新的商品上市时，你的这些过时商品也就更加无人问津了。所以你要使用化整为零的方法，在心理上减轻消费者的购物压力，从而促使其做出购买决策。

第二，化整为零法配合分月付款最佳。现在许多电商都选择了分月付款这种方式来促进产品的销售，拉动消费者的消费。如果你把化整为零法与分月付款法相结合，必然会产生更好的促销效果。

第三，化整为零法需要与良好的售后服务相结合。方法总是有的，只要我们去思考。把一些常用的方法进行融和、改造往往会产生一种新的思路，从而产生一种新的销售灵感，最终促进产品的热销。

总之，希望大家能够活学活用化整为零法，再配合一些其他的促销方法，激发消费者的购买欲望，使自己店铺的生意红红火火。

第 10 章 评论转化：提升好评率，差评变好评

在电商时代，消费者越来越重视商品的好评度。而且商家的好评率也可以在网上清晰地展示出来。所以，电商人员也必须越来越重视自己的好评度，可通过一系列的方案来提高自己的好评率。

所谓评论转化，就是电商人员通过对自家店铺的好评率进行分析，针对不同的问题采取不同的措施与方法，最终提升好评率，甚至使差评变好评的一种转化方法。

常规的评论转化法大致有 8 种，分别是引导买家收藏店铺、引导买家主动给好评、及时回复、全覆盖回复、卖萌法、数据法、诉苦法和补偿法。

本章将为大家开启一场全新的转化之旅，赶快进入知识的海洋去学习吧。

10.1 引导买家收藏店铺

作为电商，你应明白引导买家收藏店铺对你来讲是有百利而无一害的。

10.1.1 引导买家收藏店铺好处

引导买家收藏店铺这种做法的好处如下：

首先，你必须知道这样一个常识：你的店铺被收藏的次数越多，你的店铺在淘宝首页出现的概率也就越大，从而你家店铺宝贝的曝光率也会大大提升。

其次，你还需明白，店铺的信誉度与店铺被收藏的次数是成正比的。你的店铺被越多的消费者收藏，那么自然而然你家店铺的信用度也就越高。

最后，你还要懂得，店铺被买家收藏不仅能够提高店铺的排名和曝光率，而且更多的是为店铺带来客源和流量，最终促进店铺产品的销量，为你赢得可观利润。

10.1.2 让买家主动收藏店铺小技巧

接下来，为大家介绍一些让买家主动收藏自己店铺的小技巧。

第一，积极利用站外推广的方法来提升店铺的知名度。站外推广是每个店铺必须要学习的方式，对新手卖家来讲更是如此。当你进行站外运营与推广时，会有更多的人知道你的店铺。当然，对于店铺的站外推广，作为店主，你必须寻找安全、高效的推广团队。

第二，你要用收藏有惊喜等方式引导买家进行店铺收藏。其实许多电商的店铺都采取收藏有礼的活动，如通过收藏送淘宝币、送打折券等方式来吸引买家收藏自己的店铺。另外，当你自家的店铺进行促销活动时，实施收藏有惊喜活动，可以鼓励更多买家收藏自己的店铺。这样做不仅可以引流，还可以提高自己店铺的知名度，最终促进产品的销售。

第三，你要积极用促销活动获得买家的关注。其实做生意你最应关注的还是消费者的购物心理。而消费者的购物心理中最常见的就是追求物美价廉的心理。另外，一些消费者还喜欢收藏定期打折、有优惠的店铺。所以，作为电商，你必须多参加节日促销、举行各种打折优惠活动，从而吸引买家关注，促使自己的店铺被收藏。

第四，要坚持自己店铺的风格，用独具一格的特色来吸引买家进行店铺收藏。其实店铺的风格特色是决定买家是否收藏的最主要因素。当买家看到一个有品位的而且特色非常突出的店铺大都会进行收藏。即使不收藏，也会经常到此店铺进行相关产品的浏览。

第五，除了店铺的设计要有风格，店铺的商品也要有特色。店铺要想提高商品的品位与特色，良好的图片是关键。当店铺风格设计做到精美的图片、优美的文字、优质的宝贝三者配合得天衣无缝时，那么买家收藏店铺便是水到渠成的事情了。

第六，电商若要吸引顾客收藏自己的店铺，综合服务必须做到位。只有服务到位了，店铺的回头客才会多，知名度渐渐地也就上去了，慢慢地会有更多的买家关注自己的店铺。

其实用心打造自己的店铺很简单。只要能保持自己的特色，同时运用各种活动吸引买家，另外不断学习运营推广的相关知识，种种因素叠加，最终会使店铺收藏率飞速提升。

10.2　引导买家主动给好评

要让买家主动给好评，提高店铺的好评率，就得迎合顾客的需求，提升我们的商品品质、服务质量。

接下来，给大家介绍一种引导买家主动给宝贝好评的方法。这一方法大致有如下九个步骤。

步骤一：商品的选款一定要到位。商品好的质量和好的款式是最能让买家心情愉悦的。如果做好了这两方面，那么好评便是水到渠成的事。

步骤二：商品的图片一定要符合实际而且注重细节。首先，商品主图及细节图片好坏是能否在众多同类商品中吸引到目标客户的一个重要因素。详细的细节展示是必不可少的，因为它代表了产品的基本特征。其次，保证图片的清晰美观是根本，但切忌过度。最后，图片应在清晰美观的同时，最大限度地展现实物原貌。

在电商时代，购物时，买家无法看到商品实物，都是通过图片去了解、定位商品。所以，你的商品图片一定要与实际相符。一般情况下，买家看到商品图片后，都会对商品寄予看到的甚至更高的期望值。但是如果收到货后，落差太大，那么后果可想而知，很可能给出中差评，甚至投诉退款。

步骤三：售前服务一定要仔细认真全面。当有买家来向你询问产品时，你的回答必须仔细、清楚详尽，而且要懂得举一反三。所谓举一反三，就是讲当买家问到一个问题，就要想到他下一步有可能要问到什么，然后清楚明白的解答，不要让买家“浪费口舌”。买家省力了，对你的印象也就好了。这样你在买家心中的印象分就会高很多，自然而然会得到买家的好评。

步骤四：售中服务也必须保持态度诚恳、服务到位。买家在拍下商品付款后，可能还会提出疑问，甚至有特别的要求，此时也一定要保持售前的服务水准，不要买家付款后，态度就大变样，敷衍了事。如果你真的这样做了，买家就会对你产生厌恶感。那么，相应地，你的中差评概率就会大一些。

步骤五：发货时一定要与买家进行积极的沟通交流。买家付款后，希望商品能马上到手，那么如果能将发货的过程及时通知到买家，想必买家的感受是极好的。

一方面，需要把发货情况如实地告知买家，如果因为某些原因导致延迟发货，应该主动联系买家，诚恳地告知其情况。千万不要没发货硬充发货，欺骗买家，拖延买家。要知道，商家应以诚为本。诚信态度才是买家好评和回头的根本。如果你诚恳，买家是会理解你的，自然会给你好评。

另一方面，快递公司的选择要慎重。现在，快递是导致差评的一个重要因素。所以选择服务好、态度好的快递公司很重要。不要为了省一点快递费，而选择一些服务态度不好的快递公司，这样反而会因小失大。

步骤六：发货跟踪要及时到位。如果你能够做到帮助买家跟踪货物则再好不过了，让买家省心省事儿！发现货到买家所在地，如果买家在线，就提醒买家注意查收；不在线则发个贴心小短信，买家一定会对你的印象非常好。

步骤七：售后服务也一定要细致耐心。当买家收到货后，如果有什么疑问，要耐心细致地解答。如果的确有问题，责任在于自己，要勇于承担，不要急功近利，回避问题。你该看重的是将来而不是眼前的利益。

步骤八：积极运用好评营销的方法。这是在好评率不高时，提升好评率的一种权宜之计。为了在短时间内提升好评率，可以利用好评有礼的方式，根据利润空间及自己的承受能力，使买家在利益的驱动下，给出更多好评。

步骤九：维护与老客户的关系，进一步提高老顾客的忠诚度。众所周知，老客户对你的店铺忠诚度相对较高，不容易给差评，通过更多的老客户营销可以帮助店铺提升好评率，从而稀释差评。作为一名合格的电商，你需要做的就是经常和老客户沟通，维护住老客户，增进与他们的感情，他们的回头率与好评率必然提升。

综上，如果你按照这些步骤一一履行，那么相信不久你的好评率和动态评分都会有不错的提升。那么转化率也就越来越高，生意也会越来越好。

10.3　及时性：第一时间回复

所谓及时性，就是当买家有什么问题向你咨询时，作为电商，你要尽量做到第一时间回复。

无论是工作上还是生活上，无论是平时的通信信息还是淘宝消息。及时、正面地回应对方的消息，是对别人的一种尊重，对别人的一种肯定，也代表了自己的一种态度。

接下来，为大家讲解一下及时回复的好处。

一方面，及时回复反映了你工作高效认真的特点，这会给买家留下一个深刻的印象，自然而然最后给你的评价会高一些。

另一方面，及时回复能够帮你第一时间了解客户的真实需求，从而迅速地帮助他们解决问题。这样你也可以在第一时间留下顾客，如果你们之间的沟通交流很有效，那么对于提高产品的销售则是大大有利的。同时这样做也会使买家对你的好评度提高。

最后，希望广大电商人员，都能够在第一时间对买家进行回复，这样你才有机会做到销售量越来越大，好评率越来越高。

10.4 全覆盖：好评也要回复

所谓全覆盖式回复，就是电商对所有买家的评论都要进行回复。

10.4.1 进行全覆盖式回复

很多电商对那些买家好评信息不置一词，而对那些中差评信息积极进行各种各样的争辩。其实这样做不是不可以，只是有些不够科学。

每一位买家都是你的客户。对于那些购买了你的商品的买家，而且人家还给予了好评，你如果置之不理，人家心里难免会有些失落。之后他们也许就不会在你的店面进行购物，更何况给予好评？

如果你只是一味地针对那些差评信息进行解释说明，甚至是狡辩，那么在那些潜在消费者眼中，你的商品质量和品位以及服务就已经大打折扣了。

所以，正确的做法是进行全覆盖式回复。

10.4.2 正确对商品评论进行回复方法

当买家评论商品后，电商应该予以回应，具体做法如下：

第一，对于给予好评的买家，应在卖家回复中予以感谢，并欢迎他们再次来店购买，还可以做出相关承诺，下次来店购买给予打折优惠。这样的话，你不仅提高了商品的好评率，而且还能够拉拢顾客，进一步提高销售量。

第二，对于给予中评的买家，要适当地进行询问。问他们在哪个环节感到不是很舒服，产品的哪些设计他们不是很满意或者是征求一下他们的意见。通过这样的回复，一方面可以联络和客户的感情，另一方面其实也是在拉拢潜在顾客，可谓一举两得。

第三，对于给予差评，而且无理取闹的买家，可以置之不理。只要自家的产品质量有保障，那么所有的无理取闹的差评，你都可以当其是浮云。

总之，对于不同的评论，你应当区别对待。做到全方位地对所有的评论进行回复，一方面是对消费者的尊重，另一方面也可以通过合适的回复提高自己之后的商品好评率。

10.5 卖萌法：能萌化的尽量萌化

在现代社会，萌已经成为一种时代潮流。卖萌也是提高好评率的一种重要方法。

10.5.1 卖萌的方法

作为电商，你要运用各种方法让自己“变得更萌些”。萌化的语言能够吸引买家的注意，增添对你的好感，同时也会使你的产品好评率大大提升。

那么，作为电商如何在自己的评论中显得萌萌哒呢？下面就一起来看看具体做法吧。

一方面，你的评论性语言一定要网络化、时尚、接地气。比如当你看到一个商家的中评时，你可以这样回复他：“亲，产品在哪里惹你‘蓝瘦’了？对于这种情况我也很‘香菇’。”通过这些流行的淘宝体语言和时尚的网络用语，以及幽默的表达方式，那些给你中评的买家也许会会心一笑，改善对商家的印象。

10.5.2 评论中加萌图片

你在评论时要用一些萌萌的动态图或者搞笑的图片。因为人们购物是在一种轻松的心情下进行的，此时如果你能给出一些令他们乐开花的图片式回复，他们必然捧腹，对你的产品的好评度也必然提升。

总之，当你在用卖萌法进行评论时，一定要“能萌化的尽量萌化”，一方面显得你可爱，另一面必然会给买家留下一个深刻的印象，从而提高商品的好评率。

其实这种方法才是屡试不爽的呢！希望你能赶紧学会，运用到你的实战中去，最终促进你的产品的销售。

10.6 数据法：给出权威数据

数据法就是在对产品进行描述以及对买家问题的和买家的评论进行回复时，一定要运用数据说话。

10.6.1 权威数据更吸引人

在采用数据法评论时，如果能够给出权威的数据来说服买家，必然能够达到非常好的效果，从而使买家对你的产品信服，提高对你的产品的好评度，最终促进产品的销售。

小典是一名淘宝电商，主营产品是便携式计算机。他在对产品进行介绍时非常爱用数据说话，以突出自家产品款式新、功能强大、运行速度快等优势。同时，针对买家的疑问，他也会通过权威的数据进行说明，并通过耐心、细致的回答来提升自己的服务。正是凭借诚恳的态度以及专业的素养和精准的数据，消费者对小典的店铺好评如潮。如此良性循环，最终促进了小典店铺便携式计算机的热销。

10.6.2 运用数据法评论注意事项

接下来，为大家讲解一下运用数据法评论的注意事项。

第一，数据法适用于科技含量高的产品，如便携式计算机、智能手机等产品。对于这类产品的说明或评论，仅仅靠外观的展示、系统功能的介绍是万万不够的，必须配合权威精准的数据来进行证明，用数据说话。

第二，数据必须是权威的、最新的且不能有任何虚假成分。当你在网上销售便携式计算机时，一定要把便携式计算机的最新官方数据做一个统一的介绍，当看到这样的数据时，买家才会觉得你更加专业。同时必须注意，数据不能有任何虚假成分。如果你的便携式计算机没有某项功能，就不要强行进行说明，否则你就是搬起石头砸自己的脚。

第三，数据的说明需要与高质量的图片相配合，同时要用一种萌化的语言来表达，这样会产生更好的效果。现代社会，是一个读图社会，很多人在看产品介绍时，首先会关注的还是你的图片。图片质量的好坏，在很大程度上决定了买家是否购买你的产品。如果有一些高质量的图片配合你的权威数据进行说明，必然会达到更好的效果。

希望以上方法，在你进行数据评论、说明时，能够发挥良好的作用。另外，你也要积极地尝试与其他方法的配合，这样会达到更好的效果。

10.7 诉苦法：诉说自己辛苦，引发消费者同情

诉苦，就是向人诉说自己的委屈、惆怅或者是苦难。所谓诉苦法，就是作为电商，当你的产品受到差评时，你可以向消费者诉说你的苦衷，从而获得消费者的理解，最终争取消费者的同情分，删除差评。

10.7.1 诉苦诉得好，回头率高

在利用诉苦法时，如果你诉苦诉得好，那么消费者的回头率就会更高些。这对产品的销售是大有帮助的。

苏小小是一名电商，她的主营产品是运动鞋。她的销售量在同行里可谓遥遥领先。当其他电商问她诀窍时，她说诀窍就在于与买家有一个较为良好的沟通。如果沟通到位，一切问题就迎刃而解了。她常用的沟通方法是诉苦法，而且运用

得很到位，最终她的产品的好评度都很高。

有一次，一名消费者看中了她家的一款鞋子，但对于价位不太满意。消费者就立即发来消息，问是否可以减价。小苏也马上做了回复。说道："亲，现在网上标的都是这个价，而且我还免邮，说实在的挣不了几个钱，如果你能拍下这款宝贝，我可以免费赠送你两双袜子。"正是这样的回复，既引发了消费者的同情，也得到了消费者的认可，最终他们还是选择了在小苏的店铺进行购买，而且给她的往往都是好评！

10.7.2　运用诉苦法注意事项

接下来，为大家介绍一下运用诉苦法注意事项。

第一，诉苦时你用的语言必须切实中肯，不得随意浮夸。电商人员需要时刻谨记，不管你的"苦衷"有多大，也不要向消费者进行唐突、莽撞的诉苦。否则消费者会觉得你做事浮夸、不够诚恳，也会对你的产品带上一丝偏见。所以正确的做法是平心静气、语言中肯地诉说自己的苦衷，这样才能赢得消费者对你的尊重，从而愉快地听你娓娓道来。

第二，你在诉苦时要配合礼品赠送的方法给消费者以实惠。当消费者享受到实惠时，他们必然会给你好评。你的好评度高了，还愁产品卖不出去吗？

第三，诉苦也要遵循适度适量的原则。如果对于消费者的回复，你都采取诉苦法，必然会引发消费者的抵触，反而会让消费者觉得你太过斤斤计较，反而会离开你的店铺。电商人员要对那些认为价格高的消费者进行诉苦说明。这种诉苦式的评论两三次即可，因为你的评论大家都能看得到，适度的诉苦式评论，既不会显得啰唆，还能展现你良好的沟通能力，并能给买家留下良好的印象。

10.8　补偿法：换货、退货、退少量款

补偿法就是当电商人员看到消费者对你的产品有极不满意的评论时，而且确实是你的产品存在瑕疵，此时就要及时回复，运用换货、退货、退少量款的方法

予以补偿。

10.8.1 补偿法帮助渡危机

补偿法，可谓亡羊补牢，为时不晚。如果你的态度诚恳、落实高效，好评度自然会提高，产品销量也会不断攀升。

小菲是一名心思缜密的淘宝电商，做事也善于换位思考。她的主营产品是女士服装。有一次，她得到了一个大大的差评，这在以前是绝对没有过的。买家说，卖给她的衣服的拉链是坏的，而且有真实的图片证明。小菲立即回复："对不起，可能批发货物的时候检查，才导致出现了这样的残次品，不好意思。您把商品寄给我，邮费我付，再给您发送一件新的同样的商品。"正是这样及时的敢于担当的回复，使她在消费者那里获得了极高的评价。同时她的这一回复，也为她赢得了一些潜在客户的支持。最终她的店面越来越火，产品销量也越来越大。

10.8.2 运用补偿法注意事项

接下来，为大家讲解一下运用补偿法的注意事项。

一方面，当真的是自己的产品出了质量问题，消费者进行低分评价时，要果断使用补偿法。相信你的诚信洒脱及勇于担当最终会使消费者将差评改为好评，从而维护店铺的声誉。

另一方面，补偿法的使用一定要注重消费者的感受，切合实际地为他们解决问题。其实，良好的补偿关键在于能设身处地地体会消费者的感受。如果你能切实感受到消费者买到不良产品的不爽心情，你一定会更好地去为他们解决问题。如果能很好地解决这一问题，那么你离成功也就不远了。

第 11 章

投诉转化：退货不如换货，为二次购买做铺垫

投诉转化，其实是一种迫不得已的转化。任何电商都不愿意被消费者投诉，因为一方面显得自己的产品质量不高，另一方面也是对自己工作的不认可，这会使店铺的声誉受损。

虽然都不想被投诉，但是商品中也总是会存在残次品，快递运送过程中也免不了对产品造成一定的损害，从而招致买家的投诉。

对于买家的投诉，如果你能够很好地予以处理，最终反而能使坏事变好事，变差评为好评。其实投诉转化的最终目的是通过合理的解决措施，促使买家对产品进行二次购买以及拉动潜在消费者对购买产品，提高店铺的声誉。

投诉转化的方法大致有 7 种，分别是换新法、换货法、维护法、回馈法、负面删除法、退款法和黑名单法。

本章将为大家一一道来，希望对大家的电商生意有帮助。

11.1 换新：调换一个新品

换新就是当你的产品出现质量问题，收到买家的投诉后，立即与买家进行沟通交流，通过调换一个新品的方法来使买家满意，从而达到买卖双方协调满意的效果，最终使买家撤销投诉，化解危机，同时也能够促使买家进行二次购买。

小新是一名淘宝店商，主营产品是一些日用百货。有一次，他接到了买家的投诉，说是他卖给买家的电饭锅质量极差，是残次品。电饭锅插上电源线不工作。于是小新就积极解决，提出给买家换一个新品，同时使买家放弃投诉。最终他们达成了协议，买家获得了相应的赔偿，卖家也解决了相应的纷扰。

接下来，为大家讲解换新法使用注意事项。

第一，当你的产品出现了严重的质量问题时，必须换新。作为电商，你也不想发给买家一些残次品，但是商品总会存在着残次率。也许某一天，你在不知情的状况下，就发了一件残次品给买家，对于这种情况，一定要积极应对，做出相应的赔偿。

第二，使用这种方法时，态度一定要诚恳，要勇于承担责任，向买家表示由衷的歉意。常言道，“抬手不打笑脸人”。如果真的是自家产品出了质量问题，遭到买家投诉，一定不要狡辩、推卸责任，而要态度诚恳地表达歉意。

第三，换新法适用于一些中低端、价位不高的商品。如果是一件价格不菲的产品出现了问题，那么当然还是要积极应对。但当产品价格高，直接换新对自己来讲损失太大时，电商人员就可以选择免费维修、延长保修期以及给提供更好的售后服务等方式来替买家解决问题，从而使他们不再进行投诉。

11.2 换货：换其他类别的产品

换货就是当产品到达消费者手中后，消费者对产品款式不满意，从而对电商进行投诉时，电商要立即与买家进行沟通交流，通过调换一个新款式的方法来使消费者满意，从而达到买卖双方均满意的效果，最终使买家撤销投诉。

11.2.1　换货的好处

通过换货方式解决投诉问题，一方面显得你做生意比较大度，另一方面也可以在调换商品的过程中培养买家对你的信任，从而促使他们在你的店面进行再次购买，并成为你的老客户。

霍小香是一名淘宝电商，主营产品是女裙。她所经营的裙子颜色亮丽、款式众多。有一次，一名买家购买了她的商品，但最终却给了个差评，而且对她进行了投诉。

这让霍小香甚是迷茫。通过积极与买家进行沟通，她得知，收到差评和投诉的原因是买家不喜欢那条裙子的款式。霍小香就问道，不喜欢还要挑选这个款式。买家就讲从图片上看，这条裙子很漂亮，只是她穿着不合适。

这理由乍一听，有点蛮不讲理。但霍小香为了留住顾客，最终还是给她换了一件不同款式的裙子。后来这个买家也就成了她家店铺的忠实顾客，而且还经常推荐朋友到她家店铺购物，可谓坏事变成了好事。

11.2.2　换货注意事项

其实，通过换货这种方式来达到消费者满意，从而使他们撤销投诉，需要注意三个事项。

第一，电商人员要有良好的心态。有些买家其实就是无理取闹。但是倘若对这些我们都能够忍受，做到一切为买家服务，我想即使他再刁难，最终也会被你的诚意打动，成为你的忠实顾客。

第二，要将心比心。作为卖家，如果你能换一种心境，站在消费者的角度去考虑问题，也许就能理解他们为什么要换货了。

第三，要学会判断买家的人品与性质。现在网上有一种“职业”，叫作“差评师”。他们会无端找各种理由，对一些良好商家的产品进行诋毁、差评。对于这样的人的这种行径，电商要运用一些法律手段来维护自己的合法权利，否则他们会得寸进尺。

11.3 维护：免费维护+保修三年

如果是意外情况导致产品遭到差评，而且买家要对电商人员进行投诉，电商人员可以使用维护法进行解释说明，与买家讨价还价，最终使买家不再对你进行投诉。

下面介绍一下维护法的具体用法。如电商人员可向买家做出郑重承诺：对于卖给他的产品可以免费维护，而且保修期延长至三年。这种方法，能够最大限度地展现你的诚意，从而使其不再进行投诉。如果这期间你的服务还一直很到位必然会使买家变为忠实顾客。

接下来，为大家讲解一下运用维护法的注意事项。

一方面，维护法适用于一些价格高昂的产品，如冰箱、空调等产品。对于这类产品，如果真的发生意外，作为卖家，我们直接给买家换新不是不好，只是不太合适。如果我们给他们进行免费维护，并且延长保修期，这样会来得更加实惠。而且三年的时间，我们与顾客之间的感情会拉得更近，会使消费者成为我们最忠实的顾客。同时，借助他们的口碑效应，我们的产品也会越卖越火。

另一方面，维护法要秉着“为消费者服务”的宗旨，态度也必须诚恳。如果真的是自家产品出了质量问题，遭到买家投诉， 定不要狡辩、推卸责任，而要态度诚恳地表达歉意，同时积极地进行相应的维修和补偿。

11.4 回馈法：赠送小礼品

回馈法就是当产品真的出现质量问题时，电商人员要及时与买家进行沟通，并通过赠送小礼品的方式，促使他们撤销投诉。

这是一种非常实用的方法，所谓“礼多人不怪”。尤其是真的是自己的问题，导致了一系列的麻烦，则更需要通过赠送小礼品的方式来大事化小、小事化了，最终成功化解危机。

赠送小礼品是一个很好的方法，但还要注意细节。接下来为大家讲述赠送礼品的四大细节。

第一，要注意赠品的价格。赠品的价格和促使买家撤销投诉之间有着密切的关系。在保证赠品质量的同时赠品的价格也要适宜。如果你的赠品很精致，质量也很好，但不值几个钱，消费者会认为你是在戏耍他们，反而会进一步对你进行投诉。

第二，要注意赠品的类型与赠品的包装。赠品最好是与所卖商品相关的商品或流行、时尚的商品。例如，你卖给消费者的是洗衣机，那你就赠送大量的名牌洗衣液。另外，赠品的包装也必须精美。精美的包装代表了你对消费者的一种尊重。也许当他们收到你精美包装的礼品的瞬间，就会被你的行为所感动，从此增加对你的信任，做出撤销投诉的决定。

第三，要保证赠品的质量。电商人员在进行赠送产品的购买时，一定要购买正规的产品，不要采购“山寨”版的，更不能采购二手的。如果被消费者发现你的赠送品是一些冒牌货，他们一定会火冒三丈，那么你的店铺被投诉的概率将会更大。

第四，要特别注意赠品的保质期。如果你赠送给消费者的是一些食品，应该特别注意一下保质期。其实你赠送礼品的目的是好的，但是如果不注重细节，不注意礼品的保质期，那么买家就会认为你在敷衍了事，这样反而会适得其反。

希望你能谨记以上这些小技巧，当你的产品由于意外出现了质量问题，可以及时使用，帮你化解危机、渡过难关。

11.5 负面删除法：引导对方删除不实言论

负面删除法是指电商人员要善于运用沟通技巧，通过一系列的方式，引导买家删除不实言论，为自己店铺创造有利的销售局面。这就是说，电商人员要能够引导买家的意愿与感受，并且与之建立良好的互动关系。

其实总体来讲，负面删除法，有点类似于心理战术，这需要你能够静下心来，好好地研究你的沟通技巧。

总体来讲，负面删除法需要遵循五个原则。

原则一：电商人员一定要学会聆听。其实真正的有效的沟通是双方都能够发表自己的意见，而不只是一味地只听一家之言。但是作为电商人员，要尽量使买家优先发言，或者是鼓励买家积极发言，并且让对方感觉受到尊重。这样你就能够倾听到他们的牢骚与埋怨点。只有倾听到了，把握住了他们的不满点，才能够根据他们的需求寻求解决之道，逐步化解歧见，达成共识。

原则二：在与买家进行沟通时，要学会营造愉快的谈话氛围。因为愉快和谐的谈话氛围有利于人们解开心结，拉近彼此的距离。

要想营造和谐的谈话氛围一方面要学会用轻松的话题与买家进行交流，尽可能展现你的友善、幽默。等到气氛融洽了，你再引出真正的话题，来试图消解萦绕在买家心头的疑云，使他们能够相信你的话语与解释；另一方面，你应牢记，沟通的目的是解决问题，只有做到了与买家建立融洽的互动关系，确保双方能从容不迫、无拘无束地对话，才能切实提升你们的互动效果。

原则三：在与买家进行谈话时，话语务必简洁扼要、直击重点，提高谈话效率。其实在大多数时候直陈要点的交谈才是最有效率的交谈。所以你在交谈前应归纳总结出要点并且组织好语言，从容应对买家的问题。在交谈时先用最简洁的语言陈述重点，然后再进行补充说明，这样既能节省时间，又能既快又好地解决问题。

原则四：要善用引导技巧促使买家积极响应。如果遇到拙于言辞的买家，你必须设法打破僵局，提高对方的交流意愿。特别是当你发现对方互动态度明显消极时，一定要用一些轻松诙谐的话语，打破僵局。如果对方的状态不适合继续交谈，那么你可以委婉地建议改日再谈。这样既不伤感情，也避免了谈话的尴尬。

原则五：作为商家，在交流时一定要与买家产生情感共鸣。真正有效的沟通不是驳倒对方的言论，而是赢得对方的好感与欣赏，只有这样买卖双方才会产生共鸣。

所谓“话不投机半句多”，当我们希望与别人建立友好关系时，就必须学会尊重对方的想法，并且从对方的观点看待事物，如此才能理解对方的关注焦点，进而投其所好，让双方能借由具有情感共鸣的话题增进互动。同时，当买卖双方产生共鸣时，即使还存在着分歧，但最终也能做到求同存异。

希望以上5个原则能在你与买家的交流中起到很好的指导作用，也希望你能够凭借这些原则，消除买家与你之间的不愉快，最终引导买家删除一些不实言论，促进店面荣誉的提升以及产品的销售。

11.6 退款法：不使事件升级

作为电商，可能你最怕遇到两种投诉情况。一种是一些网络“差评师”的恶意评价。另一种是抓住你的产品毛病，咄咄逼人的买家。如果真的遇到这种情况，为了不使事件升级，最好还是使用退款法。这样做既不得罪人，也不会让这些人抓住把柄，以投诉来作为持续威胁的手段。

接下来，为大家介绍一些退款法的注意事项。

第一，遇到特别不讲理的、咄咄逼人的买家，你必须使用退款法。因为碰到这样的人，你不知道他们会在网上发出哪些令人发指的言语。为了维护店铺形象，放弃这一订单，选择退款是最明智的。

第二，遇到网络“差评师”这类人。你也不必多与他们争执，与他们争执，最终既消磨了你的时间，又搞坏你的名声，这样做得不偿失。

第三，遇到上述两类人，如果退款法还不能使他们停止投诉，你也要用相对应的方法与他们周旋到底，维护你的合法权益。毕竟人们大都爱欺负弱者，如果对于这类人，你还表现得很弱势，那么人家必然要欺负你。拿出相应的手段，维护自己的相关利益才是王道。

11.7 黑名单法：满足要求，记入黑名单

黑名单法可以说是针对网络“差评师”最有效的方法。其实大多数电商都是秉持诚信经营的理念来做生意的。然而总是有一部分人总是恶意给差评，既影响买家的心情，也影响卖家的业绩。

11.7.1 买家维权，卖家也要维权

随着淘宝的买家黑名单功能正式上线，卖家也将有权利禁止某些买家交易。同时黑名单操作很简单，只需要在“客户管理”中将要加入黑名单的买家勾选上“禁制购买”即可。

在黑名单法出来之前，在淘宝的规则中，买家占据绝对优势地位，可以根据购买体验对卖家打分，评论的结果往往对电商的销售产生重要影响。然而有些“买家”抓住了卖家想让评论区少差评，甚至没有差评的心理，借此敲诈卖家。淘宝的“客户管理”策略就是为了避免这种恶劣行为而推出的一个重要举措。

11.7.2 黑名单法优势

黑名单法有很大的优势，具体内容如下：

一方面，设立黑名单可以规避一些买家的恶意订单和评价，辛苦累积的成交额也不会无故受影响了。

另一方面，淘宝生态也将会更健康，这样卖家便可专注精力服务好对口买家，口碑更真实。

在淘宝做生意，买家当然是可遇而不可求的。但是对于恶意买家，必须用黑名单法进行遏制，从而促进产品的销售。

第 12 章

回访转化：询问产品效果，靠积极反馈再成交

回访转化，也是我们进行成交转化的最后一步，也是一种很重要的转化方法。可以这样讲，利用好回访转化，能使你培养忠实顾客，促进产品的二次营销。

回访转化是指电商人员要积极向顾客询问产品的使用效果、使用体验，并根据顾客的相关反馈，对产品进行更人性化的改进，以满足顾客的需求。积极的反馈有助于电商提高产品的转化率，促进产品的再成交。

回访转化的常规方法有 7 种，分别是情感法、专业法、问变化、推新法、升级法、分类别和推产品。

积极有效地使用这些方法，能使我们的转化效果更加良好。让我们一起进入本章的知识之旅吧！

12.1 情感法：拉近双方距离，营造亲密关系

在移动互联网快速普及的时代，聆听顾客最诚挚的意见和建议越来越高效便

捷，对电商来讲也能更加有效提升产品的回访转化率。在这样的新时代，广大电商必须以更方便、精准、透明化的特性贴合当下快节奏的时代。

在电商时代，电商必然要坚持以产品质量取胜的不二法门，同时也必须赋予产品“特殊情感”，以最大限度地提高产品的转化率，最终促进产品的营销。

所谓赋予产品“特殊情感”，就是我们要讲到的情感法。情感法的核心是主动与顾客进行售后交流，了解产品的质量、使用效果以及顾客的切身体验，从而进一步拉近与顾客的心理距离，营造一种良好的亲密关系，培养顾客成为忠实顾客，促进产品的转化率提升，最终促进产品的大量销售与盈利。

接下来，为大家讲解一下情感法的使用方法。常用的情感法有 3 种，分别是老顾客情感营销、售后客服情感营销以及售后站外情感营销。掌握好这 3 种情感营销，能够有效提升回访转化率。

12.1.1　老顾客情感营销

关于老顾客的重要性大家都应该很清楚，在此我就不再赘述。很多电商人员只知道卖东西，却不懂得留心观察，及时做好记录。他们甚至都不知道哪个是新顾客，哪个是老顾客。这样做对老顾客来讲明显不合适。

老顾客再来到你的店铺购买产品，其实就是对电商最大的肯定。如果你能够在你的产品进行打折之际积极与老顾客进行联系，他们会觉得这是你对他们的尊重，由此他们也会更加信任你的产品并提高对你的忠诚度。

所以，电商人员要详细地记录在你店铺购买的每一位顾客的详细资料，通过数据对比，找出老顾客，对老顾客实行优惠政策。通过老顾客的不断带动，店铺的声誉会有很大提升，从而促进更大层面的转化。

12.1.2　售后客服情感营销

回访转化实际上强调的是对售后服务的重视。这并不是说售前与售中服务不重要，只是对售后客服情感营销做一次重点强调。

首先，要做好售后客服，最基本的就是热情。每位售后客服都要记住一点，每个人都不喜欢听别人倾诉，都比较喜欢向别人诉说，所以你要热情地倾听。只有做到了这一点，你才算成功了一半。

其次，就是要真诚营销。所谓真诚，就是用自己真诚的话语去打动顾客，从而促使顾客下单。你的真诚必须基于你的产品的实效以及你的产品的优良品质。如果你做不到这些，却一直态度很真诚，说自己绝对如假包换，那么最终将失去顾客的信任，换来的是店铺名誉扫地以及顾客的大量流失。

真诚营销最终往往能够提升为友谊营销，因为当你和买家进行交谈时，彼此会产生信任感，进而换来精神的放松。在放松情绪的同时，双方会互生亲切感。而这种亲切感，可以一次性将新顾客变为老顾客。

最后，售后客服要学会将心比心，学会体谅顾客。常言道，会同情人的人一般人品都不会差。当自家产品出现任何问题时，你都不要推卸责任，而是尽力去进行维护。

12.1.3　售后站外情感营销

其实，售后站外情感营销这种方法的核心就是做好站外推广。站外推广的途径千千万，你要选就一定要选你能驾驭得了的方法。有些商家喜欢和自家店铺的顾客建立微信群来进行商品推广；有些商家喜欢和顾客成为微博好友，通过共同的爱好增进感情，从而进一步地推销自己的产品。总之，适合自己的才是最好的。电商可通过选择一种合适的站外推广方式，迅速培养老顾客，提升产品转化率，最终促进产品的销售。

其实，很多事都是事在人为。当顾客流量少、转化率低的时候，店商人员要积极使用售后站外情感营销法。

12.2　专业法：提供使用指导

专业法是指电商售后回访人员，在进行回访时，对那些对商品的功能还不了解的顾客进行一次全方面、重点突出而且专业化的解说的方法。

12.2.1 靠专业，赢顾客

孙传婷是一名电商人员，她的主营产品是豆浆机。她对待工作极其认真负责的。一次，有一位顾客在她家买豆浆机时问了好多豆浆机的具体使用方法。孙传婷做出了详细的解答。通过沟通交流得知，这位顾客之前没买过豆浆机，不知道该怎么用。

针对这种情况，孙传婷请求添加他为微信好友，并且通过直播的方式，进行了一次专业的用法指导。最终，这位买家不仅自己买了商品，而且带动周围的亲朋来小孙这里买豆浆机。这样，通过一次专业的指导，小孙就获得了众多忠实的顾客，可见专业指导的力量。

12.2.2 运用专业法注意事项

接下来，为大家讲解运用专业法时的注意事项。

第一，对于科技含量高的产品，必须进行专业化的介绍。诸如计算机、智能水机等产品，在进行图文介绍时一定要把使用方法，操作步骤，明确地展示出来，以便初次使用者有充分的了解。当然，不仅仅局限于图文介绍时，在售后回访时也可进行专业指导。

第二，一定要针对特定人群，进行专业化的回访。对于智能手机等相关高端产品，电商人员一定要在与买家交流的过程中，充分了解顾客对智能手机的使用情况。如果买家学历较低、操作能力较差，你需要及时进行回访，并通过专业化的指导，加深他们对产品的理解，同时提升他们的操作能力。这样才能形成良性循环，培养忠实顾客，提高店铺的信誉值，最终实现回访转化，促进销量的增加。

第三，电商人员使用专业法时，态度一定要热诚认真。其实在做所有的回访工作时，都必须做到态度的诚恳。尤其是当你的产品出现了质量问题或者顾客体验不佳时，更应该如此。诚恳的态度，配合你专业化的讲解，一定会增加你个人的魅力，从而提升买家对你的信任，最终促进产品更好地转化。

希望以上这些技巧，能够助你提升回访转化率。

12.3 问变化：最近使用的感受、变化

问变化，也是回访转化常用的方式。所谓问变化，就是电商人员在进行回访时，多问买家用过产品后自己的感受与变化。

这种方法一方面有利于直接切题，激发买家谈话交流的兴趣，从而促进更好地转化；另一方面也可以通过顾客了解产品的使用效果，以及存在的不足与缺陷，为产品的性能提升做出充分的实践考察。

接下来，为大家讲解一下问变化法的注意事项。

第一，问变化法适用于医药品、保健品、化妆品等行业。所谓变化就是使用前后的区别。倘若你是在网上卖大米的，你问买家，使用大米后，有什么变化吗？人家就可能不搭理你，还会认为你脑袋有问题。但是倘若你卖的是护肤品，当你问使用前后，变化明显吗？有些买家可能会给出详细的回答。只要沟通得开心，买家成为你的忠实顾客的概率就会大大增加。

第二，使用问变化这种方法时，一定要做到及时、反复、有效。所谓及时，就是当你的产品达到最佳效果时，或买家使用适量的产品后，你一定要及时地向买家进行商品信息的调查。所谓反复，就是要抓住某个老顾客，向他多次询问产品的具体使用情况。这样做一方面可以增加你对产品效果的了解，另一方面也可以进一步提高你与顾客的情感，可谓一举两得。所谓有效，就是讲，当你问及产品使用前后的变化时，一定要抓住产品的核心特征进行提问，从而使买家能够做出充分有效的回答。

第三，使用问变化法时，一定要做到尊重别人的隐私，不强人所难。有些商家为了想问出自己想要的产品效果，不惜打破砂锅问到底。这种做法是极不科学的。“己所不欲，勿施于人”，当买家不愿回答你的问题时，要注意尊重他们的意见，适可而止，否则会适得其反。

12.4 推新法：推荐新品

推新法是指电商人员在进行回访时，要及时地向新老顾客推荐新品的一种方法。这种方法也是电商提高产品回访转化率的常用方法。

肖玲是一名淘宝电商人员，主营产品是智能手机。她在进行产品介绍或进行客户回访时，特别爱使用推新法。每逢某个品牌的智能手机出新品，她总是及时地把这些信息通过各种渠道发送到自己的顾客那里，同时还告诉顾客，自己有最新产品，质量有保证且价格实惠。正是通过这样的方法，她总是能够招徕到顾客，最终促进了产品的销售。

接下来，为大家讲解一下推新法的使用技巧与注意事项。

第一，推新法适用于更新换代快的产品，如各类数码电子产品。

第二，推新法的使用讲究及时。当厂家有最新产品推出时，一定要加强宣传的力度，通过及时有效的传播使更多客户了解到你的产品信息，从而促进产品的销售。

第三，推新法的使用必须有更为广阔的传播渠道。在电商时代，网络平台众多，电商人员要通过各种途径，诸如 QQ、微信、微博等平台向顾客进行新产品的消息推送。

做到了以上 3 点的有机统一，你的推荐必然会在顾客那里引起不小的反响，从而促进产品的转化率的提升，最终促进产品的销售。

12.5 升级法：提供升级方案，购买系列产品

产品升级是指产品在原有基础上，提高了质量、降低了成本、节约了能耗、加强了资源综合利用率，使产品升级成为无污染、高品质、高创意的产品。

12.5.1 什么是升级法

升级法是指电商人员在进行回访时，向买家宣传自己的产品升级方案，从而刺激买家，促使他们购买升级产品的一种方法。升级法的核心目的是推广升级方案，促进自家产品的进一步销售。

小盛是一名电商人员，主营产品是普通的瓷杯。由于网上竞争压力大，小盛的销售业绩一直很不理想，最近他的情况却大有好转。因为他在与买家进行回访交流时发现，自家的产品毫无特色可言。于是根据这一回访情况，他请一些绘画水平不错的老师，在瓷杯上画下各类图案，有山水花鸟画、简笔工笔画、创意表情包等。

正是产品形式的创新，促使了产品的升级，同时小盛打出买系列产品即享额外折扣的口号，种种措施的结合最终促进了产品的热销。

12.5.2 促进产品升级措施

接下来，为大家分析一下，促进产品升级的措施。

首先，需要弥补现有产品的不足。例如，原来产品较为难用，现在通过调整让其好用。

其次，电商人员必须促进服务升级。如服务范围的拓展，或者对服务效率进行进一步优化。

最后，电商人员要更好、更深入地满足用户需求。对于内容型产品，就应该绞尽脑汁去思考，怎样让用户觉得有价值，因为有价值是内容型产品的根本。对于中介型产品，就应该呕心沥血去思考，怎么让供需双方精准快速匹配，因为快速精准匹配是中介型产品的本质。

如果在关键时刻，能够找到一条合适的措施促进产品升级，同时通过回访的形式向买家宣传升级产品以及升级服务，必然会大大提升销售业绩。而且以后一直坚持这样的思路与策略，你的转化效率必然会越来越高，产品销量也会越来越大。

12.6 分类别：哪一方面需要改进

分类别是一种很好的介绍产品的方法，也是电商回访消费者常用的一种方法，同时是将复杂的事物说清楚的重要方法。

12.6.1 分类别产品特征

分类别描述产品的特征是指电商人员要根据商品的形态、性质、颜色、功用等属性的异同，对商品特征进行一一说明。这样就可以条理清楚地说明产品的所有特征。

当然，在回访的时候，用这种方法也可以很清晰地从消费者口中得知产品在哪一方面存在缺陷，产品的哪种特征不符合消费者的审美等消息。

小芬是一名淘宝电商人员，她的主营产品是女士大衣。她性格爽朗，很容易和消费者交心，并善于运用分类别的方法进行产品介绍及回复回访时的询问。正是这样的方法，使她了解到哪种颜色最为流行，哪种样式最为新颖，哪种款式最为经典。所以她在进货的时候，会根据消费者所需进行批量订购，而且每次都能够销售完毕，不产生货品积压。最终，她的店铺生意火爆、名誉倍增。

12.6.2 运用分类别法注意事项

接下来，为大家讲解一下运用分类别法的注意事项。

第一，运用分类别法时要注意统一标准。一次分类只能用同一个标准，以免产生重叠交叉的现象。比如你在对产品进行分类介绍时，已经说明了款式这一项内容了，就不要再细分出一个样式进行详细说明了，否则会显得抓不住产品介绍的重点，而且还会显得累赘，反而会适得其反。

第二，运用分类别的回访转化法，要注意重点突出，详略得当。如果你想要从消费者那里得到对于商品某一特征的详尽说明，那么你在询问时就突出这一特征即可，否则询问得再多，你也不会得到想要的重点说明。

第三，分类法的目的在于找出商品的不足所在，最终解决不足点，满足消费者的需求，从而促进产品的销售。电商人员不要盲目地为了分类而分类，这样做达不到你想要的结果。

总之，希望你能够把握住分类别介绍或回访的精髓，把握住消费者的核心需求，这样你离转化率的提升也就不远了。

12.7　推产品：提供修订版产品

推产品的方法是指电商人员在进行回访时，及时地向新老顾客提供修订版产品的一种方法。这种方法也是电商提高产品回访转化率的常用方法。

所谓修订版，就是产品经过了一系列的改进，能够满足消费者更加多元化的需求。

12.7.1　产品也有时间限定

秀秀是一名是电商人员，主营产品是图书。她家店铺的图书销量总是很大，销售业绩也一直很好。其实，具体情况也并不是这样，关键是秀秀与顾客进行回访交流时发现，顾客总希望看到最新修订的图书。在珍藏的时候，最新修订版的价值也更高。因为之前的版本要么缺失一些细节，要么关键之处有所变动，不利于他们日后的阅读。

考虑到这一回访情况，她在进行图书批发的时候，总是选择最新修订版的图书，而且在与顾客进行产品介绍或回访顾客时，也总是打着最新修订图书的旗号。

正是这样推产品的方式，最终促使秀秀店面的图书大卖，利润颇丰。

12.7.2　运用推产品法注意事项

接下来，为大家介绍一下运用推产品法的注意事项。

第一，这种方法适用范围较小，主要适用于图书销售类。因为其他很多商品都不能用修正来形容。而且其他的产品修订后，就直接变成了升级产品。

第二，必须保证你的产品是最新修订的，而且质量有保证。如果你的产品不是最新修订的却打着最新修订的幌子，而且还存在着盗版现象，那么最终受害的将会是你自己。所以为了客户，为了自己的更长远的发展，务必做到求真求实求新。

第三，推产品的方法与打折促销法相结合转化效果会更佳。一般来讲，读者都是希望能够在价格实惠的情况下收藏到好书。如果你能同时满足他们的这两个需求，又何怕产品的滞销呢！

综上，当你进行的是网上图书类商品销售的工作时，可以投巧地使用推产品的方法，为你的转化效率的提升打开一扇宽敞的门！